功能语言学论丛

本书是2015年立项的国家社会科学基金项目"系统功能类型学视角下的汉英情态对比研究"的最终成果

A Functional Typological Study of Modality in Chinese and English

系统功能类型学视角下的汉英情态对比研究

杨曙◎著

· 广州 ·

版权所有　翻印必究

图书在版编目（CIP）数据

系统功能类型学视角下的汉英情态对比研究 / 杨曙著. —广州：中山大学出版社，2021.12
（功能语言学论丛）
ISBN 978-7-306-07403-4

Ⅰ. ①系… Ⅱ. ①杨… Ⅲ. ①汉语—功能（语言学）—对比研究—英语 Ⅳ. ①H1②H31

中国版本图书馆 CIP 数据核字（2022）第 011337 号

XITONG GONGNENG LEIXINGXUE SHIJIAO XIA DE HAN-YING QINGTAI DUIBI YANJIU

出 版 人：	王天琪
策划编辑：	熊锡源
责任编辑：	熊锡源
封面设计：	林绵华
责任校对：	陈晓阳
责任技编：	靳晓虹
出版发行：	中山大学出版社
电　　话：	编辑部 020-84110283，84113349，84111997，84110779，84110776
	发行部 020-84111998，84111981，84111160
地　　址：	广州市新港西路 135 号
邮　　编：	510275　传　真：020-84036565
网　　址：	http://www.zsup.com.cn　E-mail: zdcbs@mail.sysu.edu.cn
印 刷 者：	广州市友盛彩印有限公司
规　　格：	880mm×1230mm　1/32　7.5 印张　200 千字
版次印次：	2021 年 12 月第 1 版　2021 年 12 月第 1 次印刷
定　　价：	35.00 元

如发现本书因印装质量影响阅读，请与出版社发行部联系调换

前　　言

　　本书是 2015 年立项的国家社会科学基金项目"系统功能类型学视角下的汉英情态对比研究"的最终成果。本书以系统功能类型学为理论框架，以汉语和英语的情态系统作为研究对象，首先，以系统的观点深入描写、分析汉英情态子系统，对比汉英情态类型系统、情态量值系统、情态取向系统；其次，从级阶的角度对比情态系统在汉英小句层实现方式的不同；最后，从元功能的角度深入分析、对比汉英情态实现形式在小句中的人际意义、语篇功能和在小句复合体中的逻辑语义功能。

　　情态研究一直是西方语言学各领域的关注热点，不同领域的学者从各自的角度对情态这一古老和复杂的语义范畴进行了研究。主流语言类型学以世界语言中情态的形式标志为出发点，概括情态的基本类型以及情态的语法化过程；系统功能语言学聚焦于英语情态系统的构建以及情态在小句及语篇中的人际功能；认知语言学着重从语言认知的角度来解读情态语义，采用"力动态"和"力争控制"理论来阐释情态意义；语用学从言语行为理论、礼貌原则等角度探讨情态的语用功能，并从关联理论的角度阐释情态话语的理解；话语分析聚焦于情态表达形式在语篇中的分布频率和具有的功能。而从目前来看，从系统功能类型学角度对情态展开的专题研究仍较少见。系统功能类型学要求在对个别语言进行描写的基础上，以语言的情态系统作为语言描写和比较的出发点，概括情态系统与结构的差异性与相似性特征，并侧重于语言系统的变异，区别于不进行个别语言描写，仅以情态的形式特征作为比较和分析的出发点，以寻求语言结构共性为研究目标并进行类型学分类的主流语言类型学的情态研究。

现代汉语的情态研究可追溯至《马氏文通》对"助动字"的探讨。此后，语言学家如吕叔湘、王力、高名凯等从不同的角度探讨了情态的相关问题。20世纪80年代以后，国内外学者开始借鉴西方语言学的情态研究成果，对现代汉语情态进行了较为系统的研究。然而，与西方语言学的情态研究相比，汉语情态研究仍然是一个相对年轻、薄弱、争议较大的研究领域。一方面，从研究路径来看，从传统语法角度对情态语义系统以及情态表达形式的语义与句法特征进行描写的研究较多；而从认知语言学、功能语言学、形式语言学等角度对情态进行的阐释性研究仍然较少。另一方面，汉语学界在情态定义、情态类型、情态与语气的关系、情态动词的划界等方面尚未达成较统一的认识，分歧较大。本书从系统功能类型学的元功能、系统、级阶等角度对汉语情态系统及实现形式的整体描写和阐释将有利于揭示汉语情态系统和实现形式的个性和共性特征，丰富已有的汉语情态研究；从系统功能语言学的角度界定情态类型，对情态动词进行划界等有助于梳理并厘清现代汉语情态研究中存在的主要问题。

本书研究发现，从系统精密度的角度来看，当精密度较低时，英汉情态系统呈现较多的相似性特征；而当精密度升高时，英汉情态系统呈现较大的差异性。从系统与结构来看，英汉两种语言结构的差异性比系统的差异性更大。

具体而言，从情态类型系统来看，汉语和英语情态类型系统均包括情态化和意态两大子系统，而在精密度较高的情态化和意态的子系统层面，汉语和英语存在差异性。在英语中，情态化系统包括可能性情态和经常性情态；意态包括义务、意愿、能力情态，意愿和能力情态均不做进一步区分。而在汉语中，情态化系统仅包括可能性情态，经常性情态被排除在情态系统之外；意态包括义务、意愿、能力情态，其中，意愿情态划分为自发性意愿和回应性意愿，能力情态又划分为习得技能和内在能力。从情态量值子系统来看，英语和汉语的情态化和意态系统均具备量值。英汉情态化量值系统呈现相似性特征：英语和汉语可能性情态量级形成一个由高到低的连续体，包括强化的高量级、高量级、中高量级、中量级、中低量级、低量级、强化的低量级。英语和汉语的意态量值系统呈现差异性特征：英语意态系统的义务和意愿情态量值系统包括高、中、低三个量值，而汉语义务和意愿情态量级系统均包括高、中量级和低量级两个子系统，其中高、中量级子系统再划分为强化的高量级、高量级、中高量级、中量级。从情态取向系统来看，英语和汉语的可能性情态均具备显性主观、显性客观、隐性主观三种基本情态取向，在精密度较高的可能性情态取向系统，英语和汉语存在系统上的差异和结构上的差别。从意态系统来看，英语和汉语的义务情态取向系统呈现系统和结构上的差异性特征：英语义务情态取向系统包括显性主观、显性客观、隐性主观、隐性客观四种情态取向，而汉语义务情态取向系统只包括显性主观和隐性主观取向。英语和汉语的意愿情态也呈现系统上的相似性和结构上的差异性特征：英语和汉语意愿情态取向系统均具备隐性主观取向，隐性主观取向再划分为可协商性隐性主观取向和不可协商性隐性主观取向。在实现形式上，英语意愿情态的可协商性隐性主观取向由情态助动词体现，不可协商性隐性主观取向由形容词构成的谓语扩展体现；而汉语意愿情态的可协商性隐性主观取向由情态动词实现，不可协商性隐性主观取向由情态副词体现。从能力情态来看，英语和汉语能力情态呈现系统和结构上的差异性特征：英语能力情态取向系统包括隐性主观取向，隐性主观取向再划分为可协商性隐性主观取向和不可协商性隐性主观取向，前者由情态助动词体现，后者由形容词构成的谓语扩展体现；汉语能力情态包括隐性主观取向，由情态动词体现，隐性主观取向不再进一步划分。

从级阶来看，情态在汉语和英语中均可通过多种方式体现。在英语中，情态首先在小句层通过认知型心理过程小句和关系过程小句体现；还可以在小句层通过副词词组、介词短语，以及由动词被动式和形容词构成的动词词组体现；在动词词组层，情态可以通过情态助动词体现。在汉语中，情态在小句层可以通过认知型心理过程、言语过程、无人称心理/言语过程体现；还可以在小句层通过副词词组、介词短语、语气词，以及由情态动词构成的动词词组体现。

从元功能的角度来看，在英语和汉语中，情态实现形式的人际功能具备相似性和差异性特征。英语和汉语的情态副词、表达情态的认知型心理过程小句和介词词组均充当小句的附加语成分，表达说话人对命题的情态评价。在英语小句中，情态实现方式还可以充当限定成分、述谓成分和补语成分。在汉语小句中，情态实现方式还可以充当情态成分、述谓成分、语气成分。从语篇元功能来看，在英语和汉语小句中，情态实现形式均具备组织信息的语篇功能。在英语和汉语主位结构中，情态副词、表达情态意义的介词短语和小句均可充当小句的人际主位，作为小句信息的起点，构筑对小句述位的态度。在信息结构中，英语的情态助动词不能成为小句的常规信息焦点或焦点标记词，而汉语情态动词有信息焦点和焦点标记功能。从逻辑元功能来看，英语和汉语的情态动词或情态副词可以作为小句复合体扩展关系的标记词，在表达情态意义的同时，连接两个小句，标明小句复合体内小句之间的逻辑语义关系。英语和汉语的低值可能性情态副词均可以表明小句复合体内小句之间的备选关系，即 X 或者 Y 的关系。在英语中，低值可能性情态副词在表达情态评价的同时，还可以和标记词"but"一起表达小句复合体的让步条件^结果逻辑语义关系。在汉语中，高值和中值义务情态动词在表达说话人义务评价的同时，还可以作为小句复合体的标记词表明必不可少、唯一的条件，从条件的角度对另一小句进行修饰。

由于篇幅所限，本书仅对英语和汉语情态系统、结构的相似性与差异性特征进行了研究。未来的研究应着眼于从系统功能语言学理论出发，从多维度对世界其他语言的情态子系统进行整体、深入的描写，以发掘、呈现其他语言情态系统的特色和特征为目标，更好地概括情态在世界语言中的共性与个性特征。

本书内容如有纰漏之处，恳请广大专家、读者予以批评指正。本书的撰写得到国家社会科学基金青年项目的支持，在此表示感谢。笔者亦衷心感谢博士生导师常晨光教授在本人博士求学期间以及毕业之后给予的鼓励、关怀与帮助；还要感谢华南农业大学外国语学院现任院长黄国文教授、副院长陈旸教授，以及前任院长何高大教授一贯的支持、鼓励与帮助。最后，还要感谢中山大学出版社的熊锡源老师和其他老师为本书的出版所做出的努力以及对本书的细心编校，本书的面世离不开他们的支持与帮助。

目　　录

第一章　绪　　论 …………………………………………… 1
　第一节　研究路径：系统功能类型学 …………………… 1
　第二节　研究对象 ………………………………………… 8
　第三节　研究方法和语料来源 …………………………… 12
　第四节　研究意义 ………………………………………… 13

第二章　文献综述 …………………………………………… 14
　第一节　西方语言学领域的情态研究 …………………… 14
　　一、传统语义学领域的英语情态研究 ………………… 15
　　二、系统功能语言学领域的英语情态研究 …………… 17
　　三、语言类型学领域的情态研究 ……………………… 18
　　四、认知语言学领域的情态研究 ……………………… 21
　　五、语用学领域的情态研究 …………………………… 23
　　六、话语分析领域的情态研究 ………………………… 25
　第二节　汉语情态研究 …………………………………… 26
　　一、20 世纪 80—90 年代的情态研究 ………………… 27
　　二、近二十年的情态研究 ……………………………… 28
　　三、存在的主要问题 …………………………………… 32

第三章　系统功能语言学视角下的英语和汉语词汇语法系统 ………………………………………………… 36
第一节　系统功能语言学视角下的英语词汇语法系统 ………………………………………………… 36
第二节　系统功能语言学视角下的汉语词汇语法系统 ………………………………………………… 40

第四章　汉英情态类型系统对比研究 …………… 43
第一节　英语情态类型系统 ……………… 43
一、Halliday（1994）以及 Halliday & Matthiessen（2014）提出的英语情态类型系统 …… 43
二、经常性情态的归属 ……………… 46
第二节　汉语情态类型系统 ……………… 48
一、Li（2007）和 Halliday & McDonald（2004）提出的汉语情态类型系统 ……………… 48
二、重新构建的汉语情态类型系统 ………… 49
三、汉语经常性的归属 ……………… 55
第三节　汉英情态类型系统对比 ………… 60

第五章　汉英情态量级系统对比研究 …………… **62**
第一节　汉英情态量级研究回顾 ………… 62
第二节　英语情态量级系统 ……………… 64
一、Halliday（1970，1994）提出的情态量级系统 ……………………………………… 64
二、英语可能性情态量级连续体 …………… 69
第三节　汉语情态量级系统 ……………… 72
一、Halliday & McDonald（2004）和 Li（2007）

提出的汉语情态量级系统 …………………… 72
二、可能性情态量级系统 ……………………… 74
三、义务情态量级系统 ………………………… 80
四、意愿情态量级系统 ………………………… 85
第四节 汉英情态量级系统对比 …………………… 88

第六章 汉英情态实现系统对比研究 ………………… **89**
第一节 英语情态取向系统 ………………………… 89
一、Halliday（1994）和 Halliday & Matthiessen
（2014）提出的英语情态取向系统 …… 89
二、英语情态取向系统再思考：主观取向与客观
取向的双重定义 ……………………… 93
三、重新构建的英语情态取向系统 …………… 96
第二节 汉语情态实现系统 ………………………… 104
一、情态化（可能性情态）取向系统 ………… 108
二、意态取向系统 ……………………………… 119
第三节 汉英情态取向系统对比 …………………… 126

第七章 汉英情态实现形式的人际功能对比研究 ……… **130**
第一节 汉英情态系统的实现形式 ………………… 130
第二节 英语情态实现形式的人际功能 …………… 132
第三节 汉语情态实现形式的人际功能 …………… 138
一、汉语表达人际意义的小句结构 …………… 138
二、情态动词与情态副词的人际功能以及两者的
划界 …………………………………… 140
三、其他情态实现形式的人际功能 …………… 148
第四节 汉英情态实现形式的人际功能对比 ……… 150

第八章 汉英情态实现形式的语篇功能对比研究 ········ **153**
- 第一节 英语情态实现形式的主位功能 ········ 153
- 第二节 汉语情态实现形式的主位功能 ········ 161
- 第三节 汉语情态实现形式的信息焦点和焦点标记功能 ········ 165
- 第四节 英汉情态实现形式的语篇功能对比 ········ 173

第九章 汉英情态实现形式在小句复合体中的逻辑功能 ········ **175**
- 第一节 英语情态实现形式的逻辑功能 ········ 175
  - 一、情态实现形式体现小句复合体中的扩展关系 ········ 177
  - 二、英语情态实现形式的投射功能 ········ 179
- 第二节 汉语情态实现形式的逻辑功能 ········ 180
- 第三节 汉英情态实现形式的逻辑功能对比研究 ········ 186

第十章 研究结论 ········ **189**
- 第一节 主要结论 ········ 189
- 第二节 研究特色和创新 ········ 194
- 第三节 有待解决的问题 ········ 196

参考文献 ········ **197**

附 录 本研究分析的汉语语篇 ········ **210**

第一章 绪　　论

第一节　研究路径：系统功能类型学

本书是系统功能类型学的个案研究。下面我们将介绍系统功能类型学的定义、起源、主要特征和研究方法，为随后的研究进行铺垫。

语言类型学有广狭不同的定义。刘丹青（2003：5）指出，"严格意义上的类型学，是具有自己研究范式的语言共性与语言类型研究"。语言类型学研究兴起于 20 世纪 60 年代初，以 Greenberg（1963）发表的对语序进行研究的经典文章为标志。在 20 世纪 60—70 年代，语言类型学研究试图以寻找语言的绝对共性为目标（Greenberg，1966；Greenberg et al.，1978）。20 世纪 80 年代以后，语言类型学家开始意识到，语言类型学的研究目标应当是语言的普遍倾向性（universal preferences），而非难以寻求和求证的绝对共性，并开始探讨类型学方法论的问题。目前，类型学研究的新目标是发展用以解释语言多样性的理论（Bickel，2007：239），类型学已被视为一种发现语言本质的方法和研究语言的理论路径（Song，2011：2），一门有自己的研究目标、理论和方法的成熟学科（Bickel，2007：239）。

系统功能语言学家所定义的类型学是广义的，致力于对语言的相似性和差异性进行的跨语言对比研究（Caffarel et al.，2004：1）。系统功能类型学源自 Firth 的语言学传统以及布拉格学派对语言特性（characterology）的研究，并在 Halliday 早期的著作中有所讨论（1957，1966）。Firth（1957）强调对个别语言的描写，要求在个别语言的描写中确定语法范畴，而不是把传统的语法范畴（如名词、形容词等）作为"普遍"范畴应用于对其他个别语言的描述之中。布拉格学派的奠基人之一 Mathesius（1964）强调对个别语言的个性特征进行描写；Halliday（1957，1966）提出语言的对比研究是基于描写、基于系统的对比，类型学是概括性的比较等观点。这些早期的研究理念在系统功能类型学中得以延续。

系统功能类型学的理论基础是系统功能语言学理论，包括语言的元功能（metafunctions）、例示化（instantiation）、层次（stratification）、级阶（rank）、轴（axis）等观点（Caffarel et al.，2004）。系统功能类型学在对个别语言进行充分描写的基础上，从系统功能语言学理论的多个维度对语言系统与结构的相似性与差异性特征进行概括。

系统功能类型学主要有以下几个鲜明的特征：基于描写、以语篇为基础、注重语言系统、强调元功能和意义（Caffarel et al.，2004）。

一、基于描写的类型学

"语言学的任务是描述语言"（Firth，1957：32）。系统功能语言学自创立起就一直强调对个别语言的描写。

Halliday的《系统功能语法导论》是他从系统、功能的角度对英语的词汇语法系统进行的全面描写,随后,一系列以系统功能语法为理论框架,对个别语言进行综合描写的著作相继问世,使得类型学的对比研究成为可能。系统功能类型学是基于描写的类型学,它在客观、真实地对个别语言进行综合描写的基础上进行类型学比较研究。其类型学概括基于有可比性的个别语言的描写,而不是依赖现有的语法书,从而区别于不对个别语言进行综合描写、只聚焦于类型学概括的其他类型学派的研究。为了能够客观、真实地对语言进行描写,系统功能语言学家严格区分普通语言学理论(general theory)和描写(description)之间的关系。"理论是关于人类语言的理论,描写是对个别语言的描写"(Caffarel et al., 2004:8)。系统功能语言学是适用于对个别语言进行描写的普通语言学理论,它的语言层次、元功能、轴、级阶、例示化的思想属于理论范畴,而所有的语法范畴如语气、时态、体、主语都属于语言的描写范畴,是普通理论范畴的体现。对个别语言的描写应以发掘、呈现这一语言的特色和特征为目标,对英语的描写应当基于英语事实,对汉语的描写应当基于汉语事实,而不是把所有语言都描述成英语的翻版。对个别语言的描写以系统功能语言学理论为指导,从系统和元功能的角度观察、描写语言现象,发掘个别语言本身所具有的特色和特征。

二、以语篇为基础的类型学

在系统功能语言学中,语篇是意义单位,指口头、书面等各种模态的语篇。系统功能语言学认为,语篇是语言系统的例示(instance),语言系统是语篇的意义潜势(meaning potential),两者形成连续体,分别位于连续体的两极。系统功能语言学关于语篇和语言系统形成例示化连续体的观点是系统功能类型学研究的一个重要理论假设（Caffarel et al.,2004）。据此，系统功能类型学对个别语言进行描写时，要求取材于真实的、来自不同语域的语篇，以确保描写的客观和真实性。通过对具体语篇的观察，发现语言次系统的特点，形成对语言系统的概括。系统功能语言学有相当长久的运用语篇和语料库来研究语言的传统（Wu，2008：128）。语篇作为个别语言描写和类型学研究的语料具有多重优势。一方面，语篇是研究者可直接观察到的、真实的一手语料，与在实验条件下引导得出的数据相比，它能够更真实地反映语言使用的特点。从自然、真实的语篇出发对个别语言进行描述，而不凭直觉预先假定任何语法范畴，有利于客观地描述语言系统，发现、发掘个别语言的特点。另一方面，使用语篇作为语料使个别语言的描写和语言次系统的比较以不同的语域为基础，同时也使语域和语篇类型的对比研究成为可能。

三、注重语言系统的类型学

"语法分析的首要原则是区分结构和系统。"（Firth，1957：30）系统功能语言学视系统和结构为语言主要的构成原理，并把系统置于首位，认为结构由系统衍生而来（Halliday，2009：63-64）。系统功能语言学对个别语言的描写以系统而不以结构作为出发点和目标，描写的对象不是孤立的语法范畴（如主语、被动态、定冠词），而是这些语法范畴所处的语言次系统（如主语所属的语气系统、被动态所属的语态系统、定冠词所属的名词指代系统）（Halliday，2009：66）。系统功能语言学对语言次系统的描写可从语义层、词汇语法层和语音层展开。语义层包括对言语功能、主位推进、评价等系统的描写；词汇语法层包括对语气、情态/言据性，及物性、时/体、主位述位结构、信息结构等系统的描写；语音层包括对音调、韵律等系统的描写。以系统作为出发点使对个别语言的描写、跨语言的对比研究和类型学研究成为可能，因为语言结构在不同的语言中差异较大，难以成为类型学对比的目标。以系统作为出发点，可以比较系统和体现系统的结构的相似性与差异，形成类型学概括。

系统功能类型学是对语言的各个次系统的比较（Caffarel et al.，2004：4），即对处于不同精密度上的次系统进行跨语言对比，类型学的结论基于对语言次系统的描述。Halliday（2009：66）指出，跨语言比较语言结构如"被动态"毫无意义，而比较语言系统如"语态系统"则非常有意义。此外，系统功能类型学也不是对整个语言的对比研究，因为语言作为一个大系统太复杂。系统功能类型学对语言次系统的比较在不同的精密度上展开，此外，系统功能类型学还把语言次系统置于整个语言系统的环境之中，考察系统之间的联系，对语言次系统与相邻次系统的关系进行比较。例如，在对比情态系统时，还考察各语言的情态系统与语气系统的关系；在对比极性系统时，也分析各语言的极性系统与语气系统的关系。

四、强调意义和元功能的类型学

系统功能语言学把语言视为一个意义潜势系统，语言体现三大元功能：概念功能、人际功能和语篇功能（Halliday，1994；Halliday & Matthiessen，2014）。以往的研究只注重对概念功能的研究，而对人际功能和语篇功能的系统描写和对比相对较少（Caffarel et al.，2004：59）。系统功能类型学强调对语言三大元功能的描写，并且认为从人际元功能和语篇元功能进行描写可能有更多的收获。此外,系统功能类型学旨在从功能的角度寻找语言相似性与差异性的解释,能够对类型学概括提供较系统、全面的解释。格林伯格类型学(Greenbergian typology)也是从功能的角度提供类型学解释,然而,它缺乏系统功能语言学这样一整套的理论框架。系统功能类型学以系统功能语言学为理论基础,因此能够从语言使用、语言功能的角度为类型学概括提供系统、全面的解释。

系统功能类型学遵循以下研究路径:语篇样本分析—个别语言描写—不同语言次系统对比—类型学概括(杨曙、常晨光,2013)。格林伯格类型学的概括主要指对语言形式特征共性的概括,系统功能类型学概括不只限于语言的形式特征,而且从系统功能语言学理论的多个维度(元功能、轴、层次、级阶等),对语言系统与结构的相似性与差异性进行概括。

首先,从元功能的角度来看,可以概括各语言中实现三大元功能的主要词汇语法系统的共性或差异性。例如,各语言中实现人际意义的词汇语法系统有哪些?除了语气、极性、情态评价系统外,还存在哪些语言系统?各语言中语气系统和情态系统的关系是否相同?

其次,从轴的角度来看,系统功能类型学侧重于语言系统的共性与差异,要求由低到高在不同的精密度上对语言次系统进行分析和对比,概括语言次系统的相似性与差异性特征。例如,对及物性系统的对比分析要深入到小句的物质、心理、关系过程的次系统,对语气系统的对比分析要深入到陈述、祈使等主要语气类型的次类型。一般而言,在精密度较低的系统中,语言存在相对较多的相似性,而随着精密度升高,系统差异就会增大。因此,类型学的比较必须要有

"自上而下""由浅入深"的视角,要在不同的精密度上展开,而不仅仅关注某一局部、底层的结构形式差异,否则,系统的差异就有可能被忽略。

再次,从结构的角度来看,系统功能类型学概括语言次系统在各语言的实现方式上的相似性和差异性特征。这是格林伯格类型学研究的主要对象。Matthiessen(2004:538)认为所有的语言似乎都具有小句人际结构的述谓成分,而主语、限定成分在各语言中却存在较大的差异。通过对比语言次系统在各语言中的实现方式,基于语言的结构形式,可以概括出语言的类型特征。Teruya等人(2007:912-913)在比较了十一种具有代表性的语言的语气系统后,把小句的人际结构概括为基于语气(mood-based)和基于述谓(predicate-based)的连续统。

最后,从级阶的角度来看,系统功能类型学还概括语言的各个次系统在不同级阶——小句层、词组层、词汇层的实现方式。例如,情态在各语言中既可以附加语、语气词形式在小句层体现,以助动词形式在词组层体现,还可以词缀形式在词汇层体现。

总之,从系统和结构的角度来看,系统功能类型学是对语言次系统进行的跨语言对比研究,侧重对语言系统共性和个性的概括;而从语言共性和个性的角度来看,系统功能类型学侧重于语言的变异,注重概括语言的个性特征。

我们对系统功能类型学与当代格林伯格语言类型学进行比较,以更好地发掘系统功能类型学的特征。系统功能类型学与格林伯格类型学有不少相似之处:①注重语言事实,都具有经验学科的传统;②主张对多种语言的对比研究,区别于乔姆斯基学派从单一的语言(英语)出发推演出语言共性的做法;③主张从语言的功能来阐释语言结构,区别于乔姆斯基学派从句法内部寻找解释的做法；④注重把语言的共时和历时研究结合起来，都认同语法化过程的重要性（杨曙、常晨光，2013）。两者之间的区别主要表现在两方面：①系统功能类型学以语言系统作为语言描写和比较的出发点，聚焦于语言系统的差异性与相似性，而格林伯格类型学和乔姆斯基学派以语言结构作为比较和分析的出发点，以寻求语言的结构共性为研究目标；②系统功能类型学回答的问题是：人类语言的相似性和差异性是什么？（What are the similarities and variations in human languages?），而格林伯格类型学和乔姆斯基学派回答的问题是："一种可能的人类语言是什么样的？"（What is a possible human language?）（Croft，2002：5）。总之，格林伯格类型学和乔姆斯基学派更关注普遍性，即语言的共性特征；而系统功能类型学更关注个体性，即语言的个性特征（杨曙、常晨光，2013）。

第二节 研究对象

情态是一个古老而又长青的研究话题。对情态的研究最早可以追溯到古希腊哲学在模态逻辑领域对"可能性"与"必要性"概念的探讨。在模态逻辑领域，von Wright（1951）区分了四类模态：真值模态、认识模态、道义模态和存在模态，这一分类对后续的情态研究产生了深远影响。语言学的情态研究是借鉴了模态逻辑的研究发展而来，较早关于情态的讨论可见于 Jespersen（1924：320 - 321）。在当代语言学领域，情态是一个重要的语义和语法范畴，它涉及词汇、语法、语义等语言的各个层面，并与语言认知、语言交际等各个方面相关。西方语言学目前对情态的系统介绍有 Jan Nuyts 和 Johan van der Auwera 编著的新书 *The Oxford*

Handbook of Modality and Mood。

现代汉语的情态研究可追溯至《马氏文通》对"助动字"的探讨。此后,语言学家如吕叔湘、王力、高名凯等虽然没有明确提出"情态"的概念,但是也从不同的角度探讨了情态问题。20 世纪 80 年代以后,国内外学者开始借鉴西方语言学的情态研究成果,对现代汉语情态进行了较为系统的研究。然而,与西方语言学的情态研究相比,汉语情态仍然是一个相对较为薄弱的研究领域(彭利贞,2007)。

本研究以系统功能类型学为理论框架,以汉语和英语的情态系统(MODALITY)[①] 作为研究对象。情态评价在世界的各语言中,由不同的词汇语法系统体现(Matthiessen,2004)。在英语和汉语中,说话人的情态评价由情态系统体现,汉语和英语的情态系统均包括情态化(modalization)和意态(modulation)两个子系统(Halliday & Matthiessen,2014;Halliday & McDonald,2004;Li,2007)。在法语、德语、丹麦语、日语、西班牙语、意大利语、塔加路族语(Tagalog)等语言中,情态评价同样由情态系统体现,情态系统均包括情态化和意态子系统(Matthiessen,2004;Martin,2004;Caffarel,2006;Lavid et al. ,2010;Teruya,2007)。而在美洲的克丘亚语(Quechua)、吐优卡语(Tuyuca)和中部波莫语(Central Pomo)等语言以及大洋洲的巴布亚诸语言(Papuan languages)中,说话人的情态评价通过言据性系统(EVIDENTIALITY)体现;在泰米尔语(Tamil)以及其他德拉维达语(Dravidian languages)中,说话人的情

[①] 在本研究中,按照 Caffarel(2006)的区分,术语"mode"指直陈式与虚拟式的区分;而 MOOD 指实现言语功能的词汇语法系统,通常包括陈述语气、疑问语气,祈使语气。

态评价可以通过情态系统和合意性系统（DESIRABILITY）体现；在土耳其语（Turkish）、委内瑞拉的巴那瑞语（Panare）等语言中，情态评价还可以通过预测系统（PREDICTION）实现（Steever, 1990; Payne, 1997; Palmer, 2001; Matthiessen, 2004）。

从实现形式来看，情态评价在世界的各语言中可以情态副词、情态形容词、语气词、介词短语等形式在小句层体现；以助动词等形式在动词词组层体现；以动词词缀（modal affixes）、情态名词格（modal case）等形式在词汇层体现；以介于词组和词汇层的情态附着成分（modal clitics）形式体现。此外，情态评价还可以由动词的陈述式（indicative mode）和虚拟式（subjunctive mode）在词汇层体现（Palmer, 2001; Matthiessen, 2004; de Hann, 2005; Caffarel, 2006; Nuyts & van der Auwera, 2016）。例如，义务情态在英语中可由谓语扩展（如"be required to do"）在小句层体现或由助动词在动词词组层体现；在俄语中可由情态形容词（如"dolžen"）或情态副词（如"nado"）在小句层实现（de Hann, 2005）；在汉语中可由情态动词和情态副词在小句层体现；在意大利语中可由动词的虚拟式在词汇层体现（Palmer, 2001）；在土耳其语中可由动词词缀（如"-meli"）在词汇层体现（de Hann, 2005）；在大洋洲的毛利语中还可由动词前的义务语气词（preverbal obligative particle）体现。

总体而言，就实现情态评价的情态系统来看，当精密度较低时，世界各语言的情态系统呈现较多的相似性，例如，汉语、法语、日语、英语、西班牙语、德语、丹麦语等语言的情态系统均包括情态化和意态子系统（Matthiessen, 2004; Li, 2007; Caffarel, 2006; Lavid et al., 2010; Teruya, 2007）。当精密度升高时，世界语言中的情态系统呈现较多的差异性,例如,英语义务情态不再进一步细分(Halliday,1994),而日语义务情态可分为不可避免的义务、一般义务、有价值的义务、推荐、许可五个次类(Narrog,2009);英语可能性情态不再细分,而大洋洲的诸语言中存在焦虑认识情态。就情态系统与结构来看,世界各语言的情态系统比结构呈现更多的相似性。例如,在英语、德语、法语、塔加路族语中,情态化子系统均包括可能性和经常性情态(Halliday,1994;Steiner & Teich,2004;Caffarel,2006;Martin,2004)。而可能性情态的实现方式在各语言中差异较大:在英语中由助动词和情态副词体现,在德语中由情态动词、语气词、情态副词体现(Steiner & Teich,2004),在法语中可由情态动词、动词的虚拟式和直陈式体现(Caffarel,2006),在塔加路族语中由位于句首的前置附属词(pre-enclitics)体现(Martin,2004)。

  本研究选取英语和汉语的情态系统作为研究对象,旨在从系统功能类型学的各个维度详细描写汉语情态系统的子系统和分析英语情态系统的子系统,在此基础上着重对比汉英情态系统的相似性与差异性特征,并系统描写和对比汉英情态实现形式在小句中的人际、语篇功能以及在小句复合体中的逻辑语义功能。①

---

① 由于篇幅所限,以及从系统功能语言学角度对法语、德语、西班语、日语等语言情态系统的子系统进行深入描写的研究仍较欠缺,本研究仅选取英语和汉语情态系统的子系统进行深入描写和对比研究。

第三节　研究方法和语料来源

本研究遵循系统功能类型学的理论基础和研究路径，从系统功能语言学理论的多个维度概括汉英情态系统与结构的相似性与差异性特征。首先，从分层的角度确立情态在汉、英语言系统的位置，指明情态系统属于词汇语法层体现人际元功能的次系统。其次，以系统的观点描写和对比汉英情态次系统。再次，从级阶的角度对比情态在汉、英小句层的实现形式。最后，从元功能的角度描写、对比汉英情态实现形式在小句中的人际功能、语篇元功能和在小句复合体内的逻辑语义功能。

本研究在文献研究的基础上，主要采取定性分析的方法。首先基于语料观察，然后从系统与功能的角度描写、阐释语言现象，属于研究方法中的探究与阐释范式（exploratory-interpretive paradigm）。对英语情态系统的分析基于以系统功能语法为理论框架撰写的著作，如 Halliday 和 Matthiessen 的《功能语法导论》；对现代汉语情态系统的描写从系统功能语言学的多个维度展开，描写基于真实的、来自不同语域的语篇。

本研究选取的汉语书面语和口语语篇包括：①现代文学作品《活着》，约 8.7 万字；②电视访谈节目《杨澜访谈录》和《鲁豫有约》的文字版，约 7 万字；③电视剧《人民的名义》前 10 集剧本台词，约 12 万字。由于人工分析的语篇样本仍然较小，本研究的部分汉语语料还出自北京大学开发的现代汉语语料库（CCL）和北京语言大学开发的（BCC）语料库。本研究的英语语料选自当代美国英语语料库（Corpus of Contemporary American English，COCA）和当代英国英语语料库（The British National Corpus，BNC）。

第四节 研究意义

本研究致力于从系统功能类型学的角度描写和分析英语和汉语情态系统，深入对比汉英情态子系统，系统描写、对比汉英情态实现方式的人际、语篇等功能。研究意义包括以下几个方面：

（1）从系统、级阶、元功能的角度描写和对比汉英情态子系统以及情态的实现形式，能够深入、系统地揭示汉英情态系统与结构的相似性与差异性特征。

（2）通过对汉英情态实现形式的人际功能、主位功能、信息焦点功能、焦点标记功能、逻辑语义功能的描写，丰富和补充已有的英语和汉语情态研究。

（3）从系统功能语言学的视角界定情态定义和类型，区分情态与语气，对情态动词与情态副词进行划界，有助于梳理并厘清现代汉语情态研究中存在的主要问题。

（4）系统功能类型学视角下的情态研究还有助于拓展汉语类型学研究的视野，为汉语的类型学研究提供新的理论工具和方法。

此外，本研究还能够深化对汉英情态实现形式的认识，对汉英情态的教学研究和语言习得研究具有指导意义。

第二章 文献综述

在当代,情态一直是东西方语言学研究领域的热点话题。本章首先介绍西方语言学相关领域对情态的主要研究成果,然后梳理现代汉语情态研究的相关成果,并指出汉语情态研究中存在的主要问题。

第一节 西方语言学领域的情态研究[①]

在当代,情态是西方语言学各领域的关注热点,代表性的研究有:传统语义学(Lyons, 1977; Palmer, 1979, 1990; Coates, 1983; Perkins, 1983; Collins, 2009; Leech, 2013)、系统功能语言学(Martin, 1990; Halliday, 1994; Martin & White, 2005; Halliday & Matthiessen, 2014)、语言类型学(Bybee et al., 1994; van der Auwera & Plungian, 1998; Palmer, 1986, 2001; de Hann, 2009; Hengeveld, et al., 2017; Guentchéva, 2018)、话语分析(Hyland, 1998a,

---

[①] 本小节大部分内容作为国家社会科学基金项目的阶段性成果已发表于《外国语文》2018 年第 1 期。

1998b，2000，2005）、认知语言学（Talmy，1988；Sweetser，1990；Langacker，1991，1999，2010，2013）和语用学（Papafragou，2000；Maalej，2002）。下面将梳理、回顾情态在以上领域的代表性研究。

一、传统语义学领域的英语情态研究

情态是语义学的一个重要范畴。语义学家们对情态的定义、基本类型以及表达形式等问题进行了探讨。Lyons（1977）较早从语义和哲学角度探讨了英语情态的定义、基本类型和主客观性问题。他着重讨论了认识和道义两类基本情态，并区分了主观和客观情态。他认为，主观情态表达说话人的观点或态度，而客观情态与说话人无关；主观情态比客观情态出现得更频繁，客观情态较少见。Lyons 的研究为后续的情态研究奠定了基础，然而他的情态范畴较窄，并且没有讨论情态在具体语言中的表达形式。

在此之后，Palmer（1979，1990）较为系统、详细地讨论了英语的情态类型和情态助动词。他认为情态是一个语义和语法范畴，在英语中主要存在三类情态：认识（epistemic）、道义（deontic）和动力（dynamic）情态。他详细阐述了体现这三类情态的核心英语助动词的语义和语法特征，并提出，英语的认识情态与说话人对命题真值的判断有关，道义情态与说话人给予听话人的义务或许可有关，两者均具备说话人取向特征；动力情态则与小句主体的能力与意愿有关，具备主体取向（subject-oriented）特征。Palmer（1979，1990）较系统、全面地阐述了英语情态助动词的语义与语法特征，被视为英语情态研究的奠基之作。然而，Palmer（1990：67）认为，英语的情态助动词很少与情态副词共现，而且这些共现是重复、多余的。这一观点遭到众多后来学者

（如Coates，1983；Hoey，1997）的质疑。Hoey（1997）以语料库为基础，对英语情态助动词与情态副词的共现进行了系统而深入的研究。他的研究表明，英语认识情态助动词与情态副词的共现呈显著性倾向，这种共现可以加强说话人的推断，并解决情态助动词的歧义问题。

在语义层面对英语核心情态助动词进行描写的研究还有Coates（1983）。该研究把情态划分为两种类型：认识（epistemic）情态和根（root）情态。该研究认为，认识情态和根情态助动词的语义存在不确定性，这种不确定性表现为三种类型：渐变、歧义、融合。Coates指出，渐变是根情态的一个重要特征，根情态助动词的语义在强弱度和主观性方面存在渐变。Coates的研究创新性地运用两个大型语料库作为研究语料，并运用模糊集合理论来概括情态助动词语义的不确定性。

在Palmer等人的研究基础之上，Perkins（1983）首次对情态助动词以外的英语情态表达形式进行了系统描写，并阐释了英语情态具备众多表达形式的动因。他认为，情态在英语中可由以下多种方式体现：情态助动词、情态名词、情态形容词、情态副词、实义动词、时态等。情态助动词是情态的无标记表达形式；说话人可以选择助动词以外的其他表达形式来具体化情态意义。例如，如果说话人想强调客观情态评价，可以选择情态副词、情态形容词或情态名词；如果说话人想强调主观情态评价，可以采用第一人称代词加情态实义动词小句；如果说话人想主位化自己的情态评价，可以使用情态副词或实义动词。Perkins的贡献在于首次系统描写并阐释了情态助动词以外的情态表达形式，然而他对情态表达方式的理论阐释在学界仍存有争议。例如，他认为说话人可以选择情态副词来强化自己的客观情态评价，然而英语的情态副词"certainly""definitely"却明确表达说话人的主观评价。

新近从语义学角度对英语情态进行的系统研究有 Collins（2009）和 Leech（2013）。Collins（2009）详尽分析了三个大型平行语料库（当代英国英语、美国英语、澳大利亚英语语料库）中 4 万多例情态助动词和半助动词（如"have to""be to"）的用法，统计了这些情态词所表达的认识、道义或动力语义在三个大型语料库中的分布频率。该研究发现，主观性与客观性有时系统地区分情态助动词与半助动词，例如，助动词"must""should"通常体现主观义务，半助动词"have to"则体现客观义务。这项研究还表明，在当代英语中，半助动词的使用在增加，而情态助动词的使用呈下降趋势。Leech（2013）基于美国英语和英国英语的书面和口语语料库发现，在当代英语中，核心情态助动词的使用频率在迅速减退，而兴起的半助动词包括"be going to""have to"的使用频率在逐步增加，并提出语法化和口语化是造成这一趋势的最主要原因。

二、系统功能语言学领域的英语情态研究

系统功能语言学把情态视为语言人际元功能的重要词汇语法资源。语言的人际意义主要由语气、情态、极性等词汇语法系统体现。Halliday & Matthiessen（2014）探讨了英语情态的定义，构建了情态类型、情态量值和情态取向子系统，并提出了情态隐喻的概念。他们认为，情态表达说话人对命题和提议的判断和态度，涵盖"是"和"否"之间的意义领域。英语的情态类型系统包括情态化和意态两个子系统。情态化指在以交换信息为语义功能的命题句中，说话人对命题可能性和经常性（usuality）的判断，包括可能性和经常性；意态指在以交换物品或服务为语义功能的提议句

中,说话人对提议的态度,包括义务和意愿。英语的各类情态包括高、中、低三个量级。英语情态意义的实现由情态取向系统决定,以可能性情态为例,情态取向系统区分主观和客观情态,并区分显性和隐性变量。显性主观和显性客观取向以小句形式体现,是情态的隐喻式体现方式;隐性主观和隐性客观取向由情态助动词和情态附加语体现,是情态的一致式体现方式。在功能语法中,一致式和隐喻式分别指人类识解经验的典型和非典型的方式。系统功能语言学情态隐喻概念的提出拓宽了情态研究的范围。

系统功能语言学派的另一主要成员 Martin 探讨了情态在英语和塔加路族语(Tagalog)小句层的韵律式体现方式。情态的韵律体现方式指情态意义的表达不局限于小句的某一成分,而是由多个成分共同实现,如同韵律一样遍布整个小句,具有明显的非离散性和累积性特征。Martin & White(2005)还在语篇语义层面探讨了情态的功能。该研究把情态纳入评价系统,情态被视为使语篇具备协商性和对话性的介入资源。Martin & Rose(2007:53-54)也指出,情态的功能类似协商,是把其他的声音引入语篇的一种资源;情态的主要功能是对话性,是构建语篇多声的重要手段。

三、语言类型学领域的情态研究

语言类型学把情态视为一个跨语言的类型学范畴,以寻找情态结构的共性为目标,基于情态的形式特征对世界语言中的情态进行类型学分类,并从历时类型学的角度探讨情态的语法化过程。

Bybee 等人(1994)从历时类型学的角度分析了情态的语法化过程以及引起语法化过程的语义演变机制。这项研究在跨语言的基础上,把情态划分为四种类型——施事取向情态、言者取向情态、认识情态、从属句中的情态,并概括了世界语言中情态的语法化过程。这一过程表现为由施事情态演化为认知情态和言者取向情态,最后演化为从属句中的情态。该研究还指出,引起世界语言中情态语法化过程的语义演变机制包括隐喻、推理、概括等。

Van der Auwera & Plungian(1998)同样把情态划分为四种类型——参与者内在能力与需求情态,参与者外在条件情态、道义情态、认识情态,并且采用语义地图来呈现这四类情态意义的相互关系和语法化过程。该研究的创新之处在于采用语义地图系统,清晰地呈现了情态的历时发展过程。

语言类型学对情态的奠基之作当属 Palmer(1986,2001)。Palmer(1986)是第一本从类型学视角对情态进行系统研究的著作。它和其后的第二版(Palmer,2001)是语言类型学领域情态研究的标准参考书。Palmer(2001)在采纳欧洲、亚洲、美洲以及澳洲土著语言的基础上,对世界语言中的情态进行了定义和分类。他以"现实"(realis)与"非现实"(irrealis)区分非情态和情态。"现实"指已经实现或正在实现的情形,可以通过感官直接感知;"非现实"指仅存在于思维领域,只能通过想象获得的情形。他在跨语言的基础上,把情态划分为两种基本类型:命题情态和事件情态。他指出,世界语言中的情态意义主要通过情态动词系统或者语气系统(包括陈述语气与虚拟语气)体现。例如,英语的情态意义通过情态助动词系统体现,而西班牙语则通过陈述和虚拟语气实现。此外,情态意义在美洲原住民语言以及巴布亚新几内亚语言中还可以"现实"和"非现实"标记体现。Palmer 的研究以世界语言中的情态标记作为研究的出发点,并在此基础上进行情态分类,详细探讨了情态的类型和情态的形式特征,为情态的跨语言研究提供了重要参考。

　　语言类型学领域近年出版的论文集 *Modals in the language of Europe*（Hansen & de Haan，2009）收录了 16 篇论文，其中有 14 篇论文聚焦欧洲各语言中情态标记的语义与句法特征和语法化过程。该论文集还总结了欧洲语言中情态的基本特征，例如，情态在欧洲语言中主要由情态动词或情态词缀体现，旨在为情态的跨语言研究提供参考。语言类型学领域最新出版的论文集 *Epistemic Modalities and Evidentiality in Cross-Linguistic Perspective*（Guentchéva，2018）收录了 17 篇论文。该论文集探讨了印欧语系下属的日耳曼语系、波罗的语-斯拉夫语系、罗曼语系以及非印欧语系的藏语、玛雅语等语言中的认识情态标记如情态动词、情态副词、情态词缀等，为情态的跨语言研究提供了重要依据。

　　此外，Nuyts（2001）从言据性、信息结构、话语策略以及述行性（performativity）四个角度对德语、英语和荷兰语的认识情态表达形式进行的研究也值得一提。她认为，在德语、英语和荷兰语中，认识情态主要由情态副词、情态形容词、情态助动词以及表达思维过程的谓语动词体现。在这四类情态表达形式中，信息焦点是说话人选择情态形容词（如"it is possible"）的最重要原因；言据性是说话人选择表达思维过程的谓语动词（如"I believe"）的首要因素，这类词表明说话人对其所做的情态评价高度负责。Nuyts（2001：41）还认为，以往的研究较少关注情态表达形式与信息结构的关系，而信息结构在认识情态表达形式中扮演了一个重要的角色。她的研究表明，情态副词永远不会成为信息焦点，表达思维过程的谓语动词和情态助动词很少成为信息焦点，情态形容词是最重要的能够成为信息焦点的情态表达形式。

四、认知语言学领域的情态研究

在认知语言学领域，早期的研究如 Talmy（1988）和 Sweetser（1990）采用力动态理论（force dynamics）来阐释认识和道义情态，后期的研究如 Langacker（2010，2013）从"力争控制"的角度来阐述情态语义。

Talmy（1988）采用力动态理论阐释了英语情态助动词的道义情态意义。力动态理论包括两个理论实体：动力体（agonist）和阻力体（antagonist）。动力体是体现静止或运动内在力趋向的实体，阻力体是施加反作用力的实体。Talmy 认为，内在力趋向可以映射到权势、意愿等社会心理关系中。例如，"You must/may do your homework."可以解释为"我施加权威力迫使你决心做作业"。在这一例句中，动力体是听话人"you"，阻力体是说话人。动力体的内在力趋向是不愿做作业的意愿，阻力体的反作用力是说话人的权威，阻力体通过施加权威阻碍这一事件的发生。"must"的运用表明阻力体的作用力大于动力体的内在力趋向，"may"的运用则表明阻力体没有对动力体施加阻力。

在 Talmy（1988）的基础之上，Sweetser（1990）延用力动态理论阐释了英语情态助动词的认识情态语义。她主张，英语情态助动词的认识情态语义和道义情态意义并非独立、互不相关的两种语义，认识情态语义是根情态语义（义务、允许、能力）的延伸。道义情态的社会心理作用力可以映射到认识情态的推理作用力上。她把认识情态阐释为"基于论据的认识作用力（epistemic forces）促使说话人得出一定的结论"。因此，例句"He must be at his office."可以解释为"已有的证据施加推理作用力迫使我得出他在办公室的结论"，例句"He may be at his office."可以解释为"已有的论据没有阻碍我得出他在办公室的结论"。在认知语言学框架内对情态展开的后续研究均从不同方面发展了 Tamly 和 Sweetser 的思想,因而力动态理论的核心思想一直得以延用。

认知语言学奠基人之一的 Langacker 早期从主观化的角度探讨了英语情态动词的历时演化过程(Langacker,1991,1999),并提出了动态演化模型(Dynamic Evolutional Model)来阐释情态助动词的将来时间认识意义。Langacker 后来发表的论文(Langacker,2010,2013)是认知语言学领域较新的情态力作。他在 Talmy 和 Sweetser 的力动态理论基础上,提出了"力争控制"(striving for control)的"控制循环"模型。他从"力争控制"的角度,把所有的言语交际行为划分为旨在力争认识世界的"力争认识控制"言语交际行为和旨在产生某种效果或对世界施加影响的"力争有效控制"言语交际行为,情态相应地被划分为认识情态和有效(effective)情态。他认为,认识情态的辖域是概念化主体所了解的现实世界,情态力是概念化主体内在的力争对世界的认识,这种情态力不可能直接影响外部世界;有效情态的辖域是现实世界,情态力旨在影响外部世界事件的进程。认识情态是有效情态的一个固有成分,两者都表明事件是不被概念化主体所知晓的现实,区别在于有效情态还包括外在的情态力,试图影响事件的进程。在谈及情态动词的语法地位时,Langacker 认为英语的情态动词和时态一起形成了一个紧密结合的、语法化的情境植入(grounding)系统,实现情境植入的功能。Langacker(2013)试图从"力争控制"的角度阐释认识和有效情态以及情态动词的语法地位问题,然而,他对认识情态的界定以及把认识情态视为有效情态的一个固有成分,这些观点仍有待探讨。

五、语用学领域的情态研究

"情态是一种自然的语用现象。"（Verschueren，1999：129）语用学领域的情态研究从言语行为理论、礼貌原则、关联理论等角度展开。首先，语用学家在经典著作中讨论言语行为理论和礼貌原则时或多或少地涉及了情态表达形式的问题，情态词被视为体现言语行为或礼貌原则的语法手段。例如，Leech（1983：121）在讨论得体原则时，指出义务情态助动词"must""will""can""could"形成得体等级。Leech 较新的著作（Leech，2014：160）把可能性情态副词如"maybe""possibly"视为语用修饰语，认为这些情态副词与表能力或潜能的情态动词连用可以缓和或削弱说话人发出的指令或要求。

语用学领域值得一提的研究有 Maalej（2002）。这项研究旨在从言语行为理论和礼貌原则的角度对英语的情态助动词进行统一分类和阐释。他认为，从言语行为理论来看，在不同的语境下，情态助动词有不同的言外之力，依据言外之力的不同，情态助动词可统一划分为两大类：指令承诺类、断言类。前者使得说话人可以让听话人采取某种行动或使得说话人承诺采取某种行动，后者使说话人依赖已有的证据确立对话语的信心。前者的适配方向是现实世界向语言的适配，即带来现实世界的变化以使现实世界与言语事件的命题内容相匹配；后者的适配方向是语言向现实世界的适配，即在一定程度上与独立存在的现实世界相匹配。从礼貌原则的角度来看，情态助动词可分为三类：说话人自己受损而听话人受益的允许和承诺类（如"may""will"）；说话人自己受益而听话人受损的义务类（如"must"）；既不使说话人和听话人受益，又不使说话人和听话人受损的断言类。Maalej

（2002）的研究给情态的分类提供了一个新的视角。然而，他从礼貌原则出发对情态助动词的分类仍有可商榷之处，例如，对断言类情态助动词的阐释仍有些牵强。

语用学领域另一项重要的情态研究是 Papafragou（2000）。该研究以 Sperber & Wilson（1995）提出的关联理论为理论基础，以英语的情态助动词（如"must""may""can""should"）为研究对象，提出英语的情态动词具备单一的语义特征，与不同的语用因素相结合，从而产生不同的语境解读。该研究指出，情态动词是依赖语境的表达形式，情态的语义没有完全、充分体现情态动词在交际过程中的全部意义。情态的语义内涵具体包括两个部分——逻辑关系 R（即包含或相容关系）和命题域 D，也就是说，情态动词表达某一命题 p 与命题域 D 中命题集合的逻辑关系。例如，"can"定义为内嵌命题 p 与事实域（$D_{factual}$）相容，"must"定义为内嵌命题 p 被未确定域（$D_{unspecified}$）包含。Papafragou 认同 Krazer（1981）的观点，即认识和根情态是对不同事实的分类，根情态意义的命题域包括的是对现实情形进行描述的命题，认识情态意义的命题域包括的是说话人信念集合的命题。她指出，听话人在听到情态话语时，需确定情态词的命题域类型，以确定情态的认识情态语义或根情态语义。一般而言，情态动词的命题域或其次域必须促成一个具有最佳关联性的话语，因此，听话人在寻找情态词的命题域时，常凭借内嵌命题 p 中概念的百科信息中容易获取的假设或语境中已有的假设，听话人旨在重现说话人脑中的命题域类型。Papafragou（2000）从关联理论的角度出发，概括了情态动词的语境依赖性，阐释了情态动词语义与语用推理的互动性和情态动词的多义与歧义特征。

六、话语分析领域的情态研究

话语分析领域的情态研究着重于情态表达形式在特定语篇中的分布频率和具有的功能,涉及多种体裁的语篇,包括教学语篇(Kosko & Herbst, 2012)、法律语篇(Garzone, 2001, 2013; Diani, 2001)、政治语篇(Simon–Vandenbergen, 1997)等。例如,Kosko & Herbst(2012)发现,在教师话语中,规约性情态和可能性情态的使用比经常性情态和意愿性情态要更频繁,这表明教师更倾向谈论事件的恰当性与可能性。Simon-Vandenbergen(1997)指出,在政治语篇中,说话人对命题真值做出较高程度的承诺,旨在使他人确信某一存有争议的观点,情态词的使用旨在与听众建立同盟关系。

在话语分析领域最值得一提的是 Ken Hyland 的一系列研究。Hyland(2005)把情态纳入元话语(metadiscourse)的框架中,他把元话语定义为"在语篇中协商互动意义的自我映射型话语,旨在协助作为某一特定团体成员的作者/说话人表达观点和与读者进行互动"(Hyland, 2005: 37)。他认为,情态词属于交互元话语资源,交互元话语包括模糊限制语和加强。前者由低值可能性情态动词"can""might"和相应的情态副词或形容词"possible"等体现,后者由"certainly"等必要性情态词体现。Hyland 认为,模糊限制语的使用表明作者认同其他的声音和观点,从而拒绝对命题做出全部的承诺,通过允许信息作为个人观点而非确定的事实来呈现,提供了协商的空间;加强语的使用表明作者虽然意识到潜在的不同观点,但是选择缩小而不是扩大不同观点,以一种肯定的态度直面其他不同观点,从而关闭了协商和对话的空间(2005: 52)。Hyland(1998b, 2005)还着重探讨了学术语篇中的元话语资源，研究发现，在学术论文中，模糊限制语是使用最频繁的元话语资源，旨在区分事实与观点，表明作者认同潜在的其他观点。

综上所述，西方语言学各领域学者从不同的角度对情态这一古老而复杂的语义范畴进行了研究。传统语义学着重于对英语情态的定义、类型以及表达形式等进行描述；系统功能语言学聚焦于英语情态系统的构建以及情态在小句及语篇中的人际功能；主流语言类型学以世界语言中情态的形式标志为出发点，概括情态的基本类型以及情态的语法化过程；认知语言学着重从语言认知的角度来解读情态语义，采用"力动态"和"力争控制"理论来阐释情态意义；语用学从言语行为理论、礼貌原则的角度探讨情态的语用功能，并从关联理论的角度阐释情态话语的理解；话语分析聚焦于情态表达形式在语篇中的分布频率和具有的功能。

从目前来看，从系统功能类型学角度对情态展开的专题研究仍较少见。系统功能类型学要求在对个别语言进行描写的基础上，以语言的情态系统作为语言描写和比较的出发点，概括情态系统与结构的差异性与相似性特征，并侧重于语言系统的变异，区别于不进行个别语言描写，仅以情态的形式特征作为比较和分析的出发点，以寻求语言结构共性为研究目标并进行类型学分类的主流语言类型学的情态研究。

第二节　汉语情态研究

20世纪80年代以来，海内外学者陆续对汉语情态展开了较为系统的研究，主要的研究成果包括 Tsang（1981）、Tiee（1985）、贺阳（1992）、汤延池（2000）、温锁林（2001，2013）、齐沪扬（2002a，2002b）、谢佳玲（2002）、鲁川（2003）、崔希亮（2003）、鲁晓琨（2004）、徐晶凝（2007）、彭利贞（2007）、胡波（2016）、范伟（2017）。下面将从两个阶段对这些有代表性的研究成果进行回顾。

一、20世纪80—90年代的情态研究

在20世纪80—90年代，汉语学界的情态研究仍然处于初步探索阶段，主要着力于在汉语中建立情态范畴和讨论情态在汉语中的表达形式，发表的论文不多，出版的专著则更为少见。

Tsang（1981）详细讨论了"能""可能""会""要""该""许"六个情态动词的语义特征。该研究旨在证明汉语中存在情态这样一个语义和语法范畴，界定的情态范畴包括言者取向的认识和道义情态，主体取向的能力和意愿情态被排除在情态范畴之外。

在此之后，Tiee（1985）探讨了汉语情态的定义与分类，并总结了汉语助动词和语气词的句法特征。该研究认为，汉语情态是一个语义范畴，包括认识情态、道义情态与动力情态。认识情态表达说话人对命题可能性的主观判断，具备言者取向特征；道义情态与行为有关，具备话语取向特征；动力情态与主体的能力与意愿有关，具备主体取向特征。该研究指出，在汉语中，情态由助动词、情态副词、情态语气词表达，汉语助动词和语气词的句法特征包括四个方面：①助动词总是出现在主要动词之前，情态语气词出现在句子末尾；②助动词和语气词在句中可以连用；③助动词由否定副词"不"否定；④助动词强调句子谓语的情态，语气词强调句子的情态。

国内学者贺阳较早对汉语情态展开系统研究，贺阳（1992）把"modality"译为语气。他认为，语气是通过语法

形式表达的说话人针对句中命题的主观意识。他把汉语语气系统分为三个子系统,即功能语气系统、评判语气系统和情感语气系统。功能语气系统表明句子在言语交际中所具有的言语功能,包括陈述、疑问、祈使、感叹等语气;评判语气指说话人对说话内容的态度或评价,包括认知、模态、履义、能愿等语气,评判语气基本对应西方的情态范畴;情感语气表示说话人由客观环境或句中命题所引发的情绪,包括诧异、料定、领悟等语气。

总体而言,这一阶段的情态研究仍较为零散,研究者着力于确定汉语中存在情态这一语义和语法范畴,并初步探讨汉语情态的类型和表达形式。

二、近二十年的情态研究

进入21世纪之后,情态研究进入了一个快速发展阶段,论文、论著的数量大幅增加,研究内容更为深入,研究角度也不再局限于传统语法,研究者开始运用形式语言学等理论来解释情态研究中的相关问题。从研究内容来看,近二十年的情态研究可划分为情态语义系统研究、情态表达形式的语义和句法特征研究。

(一)情态语义系统研究

情态作为一个跨语言的语义范畴,在汉语中包括哪些子范畴,是一个颇具争议性的话题。其中,我国学界争议较大的是情态与由句类系统体现的语气是应该两分还是应该置于统一的框架之内。

齐沪阳(2002a,2002b)把汉语情态置于语气的范畴下分析,该研究把汉语语气系统划分为功能语气和意志语气两大类。功能语气指说话人使用句子要达到的交际目的,包括陈述、疑问、祈使、感叹四种语气。意志语气表达说话人对说话内容的态度或情感,包括可能、允许、能愿和料悟四种语气,主要由助动词"应该""可以"和语气副词"大概""也许""一定"等体现。意志语气基本对应西方的情态范畴。不难看出,齐沪阳(2002a,2002b)与贺阳(1992)都把实现交际目的的汉语句类系统与表达说话人主观情感与态度的情态系统置于语气的框架之内讨论。

与贺阳(1992)和齐沪阳(2002a,2002b)不同的是,崔希亮(2003)把语气置于情态的框架之内讨论。该研究认为,汉语情态是一个比时(tense)和体(aspect)更为概括的范畴,汉语的情态系统包括三个子范畴:语气范畴、能愿范畴和时体范畴。语气范畴包括疑问、祈使、感叹等子类;能愿范畴包括意愿、能力、义务、可能和禁许,由能愿动词体现;时体范畴与事件的时间属性有关,由情态副词、动词以及动词的附加成分表达。

徐晶凝(2007)同样把语气系统置于情态的框架之内,认为现代汉语的话语情态系统包括由现代汉语句类系统体现的言语行为语气系统、由语气助词表达的传态语气系统、由情态助动词和情态副词表达的情态系统。该研究认为,语气助词是汉语话语情态系统中语法化程度最高的表达形式,因此着重讨论了现代汉语的语气助词系统,详细描写了"啊""呢""嘛""吧""呗"五个语气助词的情态意义。

温锁林(2001,2013)则认为有必要区分语气与情态。该研究认为,语气指说话人使用话语的功用和意图,包括陈述、疑问、祈使、感叹等;情态表达说话人对所说话语的主观情感与态度,可分为认识情态和表现情态两大类。认识情态是说话人对所述命题的主观认识,可分为真值情态、道义情态和意愿情态。表现情态指说话人对所述命题的表情与态度,即口气,包括急促与舒缓、强调与委婉、惊异与惬意、张扬与收抑、偏执与宽容等。

鲁川(2003)也认为,从语言教学和信息处理的角度来看,有必要区分语气与情态。该研究认为,"语气"体现说话人的交际意图:陈述信息或提出疑问;"情态"体现说话人基于固有的主观意识而产生的对"事情"的主观情绪与态度。该研究把情态范畴划分为"判断"与"评议"两个子范畴。其中,判断细分为推断、必要、常规、适度等子类,评议划分为评估与提议两大类。这些子范畴由情态标记词体现,例如,推断由标记词"一定""大概""也许"等体现,必要由标记词"该""得""必须"等体现。

此外,我国台湾学者谢佳玲(2002)对现代汉语的情态语义系统进行了详细描写,该研究大致沿用了 Palmer(2001)的理论框架,把汉语情态划分为认知、义务、动力和评价四类情态,并对每一类情态进行了次类划分。例如,认知情态细分为猜测、断定、真伪、引证、知觉;义务情态细分为允许、义务、承诺、威胁;动力情态细分为潜力与意愿。依据情态来源的不同,认知、义务和评价情态又分为说话人取向情态如"可能""应该"和主体取向情态如"猜测""推断"。

(二)情态表达形式的语义和句法特征研究

除对情态范畴进行界定之外,汉语学界也有不少学者对情态表达形式如助动词和副词的语义和句法特征进行了研究。

汤廷池(2000)探讨了现代汉语情态动词和情态形容词的句法特征。该研究认为,情态表达说话人对命题内容的观点或态度,在汉语中由句末情态语气词、句首或主谓之间的情态副词、谓语前的情态动词或形容词表达。情态动词和形容词具备以下句法特征：能单独做答语；能形成正反问句且能否定；能充当分裂句的信息焦点；情态形容词能被程度副词"很"修饰并能在比较句中使用。该研究指出，汉语中没有真正的情态助动词，只有情态动词和形容词。情态动词和形容词分为两大类：主语控制动词和提升动词。前者指义务来源是主语的情态词，如"能够""肯"；后者指认识情态动词和言者取向的情态词，如"应该""可以"。

鲁晓琨（2004）对现代汉语可能类、意愿类、必要类基本助动词的语义表达系统进行了详细分析，并鉴别了助动词的"非情态表现"和"情态表现"。该研究认为，可能类助动词语义表达的核心由"能"体现；意愿类助动词的语义表达系统可分为主动意愿和回应意愿，前者由"想"和"要1"体现，后者由"愿意""肯"体现；必要类助动词可划分为表达情态评价的"应该""应当"，表达情理、现实需要的"要2""得"，以及表达说话人要求的"要2"三类。

彭利贞（2007）从语义与认知角度对现代汉语多义情态动词表达的语义系统进行了分析。该研究分析了现代汉语的多义情态动词与其他语法范畴的互动关系，着重探讨了现代汉语动词情状、体、否定等范畴与多义情态动词同现时对情态解读产生的影响，并提出了现代汉语多义情态动词情态语义的语法形式解释系统。

胡波（2016）从形式语言学的角度探讨了情态助动词的句法形态特征，并从论元结构、语义限制、否定、被动化等方面探讨了汉语情态助动词的提升与控制问题。研究表明，认知情态助动词属于提升动词，道义和动力情态助动词属于强制控制动词。提升情态助动词是包含命题子句论元的一元动词，允准子句主语提升为主句主题，不限制提升主语的语义内涵,不可以用"没""没有"否定。控制情态助动词为包含事件论元和非典型施事论元的二元动词,可以用"没""没有"否定。

范伟(2017)从构式语法的角度对情态的表达形式进行了研究。她认为,情态的表达形式不局限于词类,还包括凝固性和规约性较强的构式。因此,她提出情态的表达形式包括成分情态和构式情态,前者指各种语法词类以及插入语等固定用语和句子特殊成分,后者指由两个词语形式单位构成并具有整体不可分割意义的固定格式。该研究认为,认识情态构式包括"不……才怪""非……不可""要……了"等,道义情态构式包括"随……去吧""不要……了"等。该研究着重对"×定""大不了""×不到哪儿去"等情态构式的语义和语用功能进行了详细描写。

三、存在的主要问题

综观汉语语法学界对情态的研究,不难发现,汉语情态研究目前仍然存在一些亟待解决的问题,下面分别从研究路径和研究内容两方面进行讨论。

(一)研究路径

从研究路径来看,从传统语法角度对情态语义系统以及情态表达形式的语义与句法特征进行描写的研究较多,而从认知语言学、功能语言学、形式语言学等角度对情态进行的阐释性研究仍然较少。我们认为,借鉴现代语言学理论对汉语情态展开研究,有利于阐释汉语情态语义系统和解决汉语情态研究中面临的某些问题。例如,与英语情态助动词不同,汉语情态动词既可以位于句首位,也可以位于句末位。形式语言学(Huang et al., 2009:109)主张从提升和控制的角度解释这一现象,系统功能语言学则可以从信息结构的角度阐释情态动词的这一句法表现。

此外,已往的情态研究大多局限于对汉语本体语言或汉藏语系语言的研究,从语言类型学的角度把汉语情态范畴与英语以及其他印欧语言的情态范畴进行系统对比的研究并不多见。把汉语情态置于世界语言中,有利于发现汉语情态的共性特征和个性特征。

(二)研究内容

从研究内容来看,汉语学界在情态定义、情态类型、情态与语气的关系、情态动词的划界等方面尚未达成较统一的认识,分歧较大;此外,研究内容的广度仍然有待提升。

首先,汉语学界对情态的定义和情态类型仍然存有争议。例如,谢佳玲(2002)认为汉语情态类型除了认识、义务、动力之外,还有评价情态。鲁川(2003:324)认为汉语情态类型除了"推断""必要"之外,还包括"常规""适度""机遇""评估"和"提议"等次类。温锁林(2013)把情态分为认识情态和表现情态两大类,后者包括"急促与舒缓、强调与委婉、惊异与惬意"等七个子范畴。学者们对情态定义及类型存有争议的原因可能在于单从说话人的主观情感、态度这一角度出发来界定情态和情态类型。我们认为,可以尝试从系统功能语言学的命题小句与提议小句着手来定义情态类型。

其次,由于对情态的定义与情态类型存有争议,学界对情态与语气的关系尚未达成统一的认识。彭利贞(2007)指出,在最近现代汉语的情态研究中,存在语气与情态不分的现象。学者们或在语气的范畴下讨论情态,或在情态的范畴下讨论语气,未对两者进行明确区分。我们赞同鲁川

（2003）和温锁林（2013）的观点：在现代汉语中，有必要区分实现言语交际功能的句类语气系统和以情态动词、情态副词等形式体现的情态范畴。

再者，学界对情态动词与情态副词的划界仍然存有分歧，还有不少文献将情态动词归入副词范畴或者认为情态动词是动词、副词两属。郭锐（2002：191）认为，助动词与一般动词和副词难以区分。汉语情态动词没有英语助动词那样明确的形式标志，而形式标志往往是识别词类最简易和显著的标准，由于不同的学者在对情态动词进行划界时，采用的标准不一，且有些标准有效性不足，因此分歧较大。例如，"可能""一定""肯定"到底是情态动词还是情态副词？"必须"是不是情态动词？汉语界各家说法不一。我们认为，情态动词与情态副词的划界可以从体现人际意义的小句结构展开。

从研究内容的广度来看，汉语情态研究对助动词的关注较多（如 Tsang，1981；马庆株，1988；汤廷池，2000；谢佳玲，2002；鲁晓琨，2004；彭利贞，2007），对插入语等其他情态表达形式的系统研究较少。温锁林（2001）指出，以往的情态研究范围太狭窄，现代汉语的情态表达除了情态动词和语气副词外，还有独立语、插入语、提示语和特殊句式等。以插入语、小句等方式体现的情态表达形式在系统功能语言学中被纳入情态隐喻的范畴。我们认为，从情态意义出发，运用系统功能语言学理论对情态的表达形式进行系统、整体的描写和阐释很有必要。

此外，以往的研究着重于情态表达形式的句法特征和语义描写（Tiee，1985；汤廷池，2000；谢佳玲，2002；鲁晓琨，2004；彭利贞，2007；徐晶凝，2007），从功能的角度对情态表达形式在小句中所具备的人际功能、语篇功能和在小句复合体中的逻辑功能进行的系统研究较少。情态表达形式在小句中所体现的人际功能、主位功能、信息焦点功能、焦点标记功能，以及在小句复合体中所具有的逻辑语义功能，都值得研究。此外，从小句元功能的角度来研究情态表达形式，有助于更好地阐释语言结构。

  总之，与西方语言学的情态研究相比，汉语情态研究仍然是一个年轻且相对薄弱的领域，需要更多的关注和探索。从系统功能类型学的元功能、系统、级阶等角度对汉语情态系统及实现形式的整体描写和阐释将有利于揭示汉语情态系统和实现形式的个性和共性特征，丰富已有的汉语情态研究。从系统功能语言学的角度界定情态类型，对情态动词进行划界等有助于梳理并厘清现代汉语情态研究中存在的主要问题。

第三章 系统功能语言学视角下的英语和汉语词汇语法系统

在本章第一小节，我们将简要介绍英语词汇语法系统，把英语情态系统置于整个语言系统的环境之中，并考察英语情态系统与其他系统的联系。第二小节简要介绍汉语词汇语法系统，确定汉语情态系统在语言系统中的位置，并梳理汉语情态系统与其他系统的联系。

第一节 系统功能语言学视角下的英语词汇语法系统

以 Halliday 为代表的系统功能语言学派把语言视为一个意义潜势系统。语言体现三大元功能：概念功能、人际功能和语篇功能。其中，概念功能包括经验功能和逻辑功能，前者指人们运用语言来表征外部世界和内心世界经验的功能，后者指人们运用语言来表征经验之间逻辑关系的功能；人际功能指人们运用语言来建立和维护人际关系，表达观点与态度，影响他人态度或行为的功能；语篇功能指人们运用语言组织信息和建构篇章的功能（Halliday, 1994; Halliday &

Matthiessen,2014)。在英语中,一个小句同时表达三种元功能,是三种元功能的统一(Halliday,1994;Halliday & Matthiessen,2014)。

经验功能指小句用以构筑经验的功能。在英语中,经验功能由小句及物性系统(TRANSITIVITY)体现(Halliday,1994;Halliday & Matthiessen,2014)。英语及物性系统把人类的经验划分为六大过程:物质过程(material processes)、心理过程(mental processes)、关系过程(relational processes)、行为过程(behavioral processes)、言语过程(verbal processes)、存在过程(existential processes)。物质过程指"做"(doing)和"发生"(happening)的过程,即表达物质世界动作、行为的过程;心理过程指"感觉"(sensing)的过程,即表达人的内心世界情感、认知和感觉的过程;关系过程指表达两个实体之间抽象关系的过程;行为过程指人的生理和心理行为(physiological and psychological behavior)的过程;言语过程指"说"(saying)的过程;存在过程指事物存在(exist)的过程。如图3.1所示:

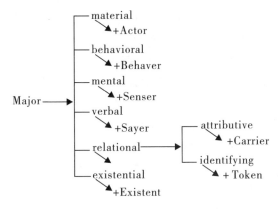

图3.1 及物性系统的过程类型(Halliday & Matthiessen,2014:219)

人际功能指小句用以构筑人际关系的功能。在英语中，人际功能由语气（MOOD）、极性（POLARITY）、情态（MODALITY）、评价（ASSESSMENT）等系统体现（Halliday & Matthiessen，2014：162）。

语气是实现语义层言语功能（speech roles）的语法系统。系统功能语言学认为，在人类的言语交际过程中，主要有两个最根本的言语角色："给予"和"需求"。交际双方所交换的商品既可以是信息，也可以是物品或服务，由此形成了四种主要的言语功能：陈述（给予信息）、疑问（需求信息）、提供（给予物品或服务）、命令（需求物品或服务）。这四种言语功能由处于词汇语法层的语气系统实现，并有一致式和隐喻式的体现方式，例如，陈述的一致式体现方式是陈述语气，疑问的一致式体现方式是疑问语气，命令的一致式体现方式是祈使语气（Halliday，1994）。然而，陈述、命令也可以由疑问语气体现，疑问、命令也可以由陈述语气体现，这些都是隐喻式的体现方式。英语语气系统包括对直陈语气（indicative）和祈使语气（imperative）的选择，直陈语气实现对信息的交换，祈使语气实现对商品或服务的交换。直陈语气又包括对陈述语气和疑问语气的选择，陈述语气体现给予信息，疑问语气体现需求信息。直陈语气由主语和限定成分的顺序决定，主语在限定成分之前实现陈述语气；主语在限定成分之后实现是非疑问语气（Halliday，1994；Halliday & Matthiessen，2014）。

极性指对肯定或否定的选择，极性给交际双方提供协商的空间（Halliday & Matthiessen，2014）。在极性系统中，肯定是无标记的选择，否定是有标记的选择（Halliday & Matthiessen，2014）。

情态系统是体现情态评价的重要词汇语法资源。情态系统与极性系统的关系极为密切。情态是处于正极与负极之间的意义领域（Halliday，1994：362）。英语情态系统主要包括情态类型（TYPE）子系统、情态取向（ORIENTATION）子系统、情态量值（VALUE）子系统（Halliday，1994；Halliday & Matthiessen，2014：182）。

情态系统与语气系统的关系极为密切。语气系统是小句的基础系统，即所有的独立谓体句（major clause）均在语气系统中选择语气。语气系统的直陈语气在情态系统中选择情态化或意态，在陈述语气中，说话人可以表达对命题或提议的情态评价；而在疑问语气中，说话人要求听话人对自己的情态评价做出回应。

语篇功能指小句用以建构篇章的功能。在英语中，语篇功能由主位（THEME）系统和信息（INFORMATION）系统体现（Halliday，1994；Halliday & Matthiessen，2014）。主位指信息的起点，由小句的第一个功能成分体现，小句的其他成分为述位（Rheme）。小句可以有多重主位结构，即每一个小句都包含一个在及物性系统中表示经验意义的经验主位（the topical Theme），在经验主位之前出现的表示语篇和人际意义的成分分别视为语篇主位（the textual Theme）和人际主位（the interpersonal Theme）。小句主位系统包括对经验主位、人际主位、语篇主位的选择。信息系统是属于信息单位的系统。一个信息单位通常包括两个部分，已知信息（Given）和新信息（New），其中，新信息是必要成分，而已知信息可以取舍，新信息的最高点即信息焦点通常位于信息单位的末尾（Halliday，1994：336）。

第二节 系统功能语言学视角下的汉语词汇语法系统

在汉语中,一个小句同时表达经验、人际和语篇三种元功能,是三种元功能的统一,实现元功能的词汇语法系统主要包括小句及物性系统、语气系统和主位系统(Halliday & McDonald, 2004: 313)。

经验功能由及物性系统,以及体(aspect)和时相(phrase)系统体现(Halliday & McDonald, 2004; Li, 2007)。汉语及物性系统包括核心及物性系统和环境及物性系统。环境及物性系统包括环境成分的不同类型,在汉语中被视为一个独立的系统。核心及物性系统包括四大过程:物质过程、心理过程、关系过程、言语过程(Halliday & McDonald, 2004; Li, 2007)。体系统包括动词体系统(verbal aspect)和小句体系统(clausal aspect)(Halliday & McDonald, 2004)。动词体系统包括完整体(perfective)和非完整体(imperfective),其中,完整体包括完成体(completed)与经历体(experiential),非完整体包括持续体(durative)和进行体(progressive)(Li, 2007)。时相系统包括完成(completive)时相与未完成(non-completive)时相,其中,完成时相包括趋向与结果(Li, 2007)。

人际元功能关注人与人之间的互动与协商关系,它与交际双方的言语角色和说话人的情感、态度有关。在汉语中,人际元功能主要由语气、极性、情态、评价等系统体现(Halliday & McDonald, 2004; Li, 2007)。

语气系统是实现语义层言语功能(speech function)的语法系统,包括直陈语气与祈使语气的选择,其中,直陈语气又包括陈述语气和疑问语气,疑问语气可再分为是非疑问语气和基础疑问语气(Li,2007)。陈述语气是无标记的选择,疑问语气通常在句末带有语气词"吗"或者疑问词,祈使语气通常省略主语(Li,2007:116-117)。

极性系统指对肯定或否定的选择,肯定是无标记的选择,否定是有标记的选择。其中,否定又包括无标记(unmarked)否定、完成(completive)否定、经历(experiential)否定;无标记否定由否定副词"不"体现,完成否定和经历否定由否定副词"没"或者"没有"体现(Li,2007:158)。汉语极性系统和体系统有密切的联系。

情态系统与极性系统紧密相联,情态是处于正负两极之间的意义领域(Li,2007)。Halliday & McDonald(2004:343)认为,汉语情态系统包括情态类型子系统和情态量值子系统,并对这两个子系统进行了简要描述。Li(2007:158)认为,汉语情态系统包括情态类型系统和情态强度(INTENSITY)子系统,情态强度系统即情态量值系统。Halliday & McDonald(2004)以及Li(2007)均没有对情态系统的实现方式进行深入描述和系统构建。

汉语情态系统和语气系统既有区别又相互关联。汉语语气系统是实现语义层言语功能的词汇语法系统,陈述语气通常实现提供信息给听话人的言语功能;疑问语气通常实现向听话人需求信息的言语功能;祈使语气通常实现向听话人要求商品或服务的言语功能。语气系统和言语功能系统并非一对一的关系,一种言语功能可由语气系统的多种语气体现,语气在言语功能的体现上呈现相互渗透的现象。汉语语气系统是小句的基础系统(basic system)(Halliday & McDonald,2004:329),即所有的独立谓体句(major clause)均有语气的选择。情态系统是实现说话人对命题或提议的情态评价的词汇语法系统,情态系统是可选择的(elective)系统(Halliday & McDonald,2004:329),即独立谓体句可以没有情态系统的选择。语气系统与情态系统同时也紧密相联,在直陈语气中,有情态化和意态的选择。在陈述语气中,说话人可以表达对命题和提议的情态评价;在疑问语气中,说话人要求听话人回应自己的情态评价。

语篇功能由主位系统、信息系统、语态(VOICE)系统体现(Halliday & McDonald,2004;Li,2007)。主位是小句的第一个功能成分(Halliday & McDonald,2004)。小句主位系统包括对经验主位、语篇主位和人际主位的选择(Li,2007:187)。汉语的信息结构由已知信息和新信息组成,其中,新信息是必要成分,新信息的最高点是信息焦点。信息系统包括对标记性信息焦点和无标记性信息焦点的选择(Li,2007:190)。无标记性信息焦点指重音在信息单位的末尾,通常是最后一个成分的中心词;标记性信息焦点指重音不在句末而在小句前面的成分。语态系统主要包括由"把"字结构体现的受动语态(receptive voice)和由"被"字结构体现的施动语态(operative voice)(Li,2007:200)。

综上所述,在英语和汉语中,一个小句是经验、人际、语篇三种元功能的统一。这三种元功能在英语和汉语小句中分别由不同的词汇语法系统体现。在英语和汉语中,情态系统均是实现人际元功能的重要词汇语法资源,与语气、极性等系统紧密相联。英语情态系统包括情态类型、情态量值、情态取向三个子系统,汉语情态系统包括情态类型、情态量值两个子系统。在下面的三个章节中,我们将分别描写、分析、对比汉英情态类型、情态量值两个子系统,并讨论两种语言的情态实现子系统。

第四章 汉英情态类型系统对比研究

本章第一小节基于系统功能语言学的经典著作 Halliday（1994）和 Halliday & Matthiessen（2014），讨论英语情态系统的子系统——情态类型系统，着重讨论经常性情态的归属。第二小节从系统功能语言学的角度描写汉语情态类型系统。最后，对比汉英情态类型系统的相似性与差异性特征。

第一节 英语情态类型系统

一、Halliday（1994）以及 Halliday & Matthiessen（2014）提出的英语情态类型系统

传统及当前主流的观点认为，英语情态主要包括三类：认识（epistemic）情态、道义（deontic）情态以及动力（dynamic）情态（Palmer, 1990, 2003; Nuyts, 2016）。认识情态与说话人对命题真值的判断有关，道义情态与说话人给予听话人的义务或许可有关，动力情态则与小句主体的能力或意愿有关（Palmer, 1990, 2003）。

Halliday & Matthiessen（2014: 176）认为，极性指在肯

定或否定之间的选择,在肯定与否定之间,存在不同程度的不确定性,这些处于肯定和否定之间的不确定地带被称为"情态"。情态是处于"是"与"否"之间的意义领域,表达说话人对命题的有效性和提议的对与错的态度(Halliday & Matthiessen, 2014)。情态是"说话人对所说话语的可能性和必要性的主观判断"(Halliday, 1994: 75)。

Halliday & Matthiessen(2014)指出,英语的情态类型系统包括情态化和意态两个子系统。情态化指在以交换信息为语义功能的命题句(proposition)中,说话人对命题可能性和经常性的判断,包括可能性(probability)和经常性(usuality)情态;意态指在以交换物品或服务为语义功能的提议句(proposal)中,说话人对提议的态度,包括义务(obligation)和意愿(inclination)情态。英语情态类型系统的分类如图4.1所示:

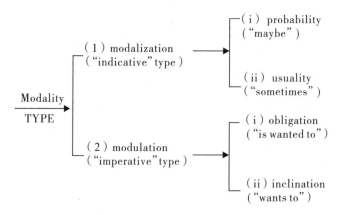

图4.1 英语情态类型系统(Halliday & Matthiessen, 2014: 691)

可能性情态表达说话人对命题可能性的判断,由情态助动词（如"must""will""may"）、情态副词（如"probably""possibly""certainly"）以及两者的连用（如"will probably"）等来实现。义务情态指说话人对所说话语义务性的判断，涉及听话人完成指令的义务程度（Thompson，2004：67）。意愿情态指说话人在多大程度上愿意提供服务或商品（Thompson，2004：67），与行为主体的内心意愿有关。义务和意愿情态可由情态助动词（如"should""will"）、谓语扩展（如"be supposed to""be willing to"）来实现。这三类情态如下所示（仅以助动词为例）：

(1) Alternatively, it <u>may</u> only be relevant to Wisconsin. (COCA[①])

(2) Such crimes <u>should</u> be punished as attempts rather than as completed offenses. (COCA)

(3) We <u>will</u> offer different ideas based on a better understanding of the challenges we face. (COCA)

在例（1）中，情态助动词 may 表示可能性情态；在例（2）中，情态助动词 should 表示义务情态；在例（3）中，情态助动词 will 表示意愿情态。

Halliday 指出，情态系统除可能性、经常性、义务和意愿情态外，还有能力/潜力（ability/potentiality）情态，比如在"She can keep the whole audience enthralled"句中，can 指能力（Halliday，1994：359）。他认为，能力/潜力性情态

[①] 本书用例后面的缩略语说明例句来源。"COCA"指 Copus of Contemprary American English，当代美国英语语料库。其余缩略语如"CCL""BCC""BNC"等的含义见本书第一章第三节说明（本书第12页）。

位于情态系统的边缘。

在 Halliday & Matthiessen 的情态系统中,可能性情态基本对应传统语义学中的认识情态,义务情态基本对应传统语义学中的道义情态,意愿和能力情态基本对应传统语义学中的动力情态,经常性情态则被排除在传统语义学和语言研究的情态范畴之外(Halliday & Matthiessen,2014:692)。

二、经常性情态的归属

Halliday(1994)和 Halliday & Matthiessen(2014)认为,经常性作为情态化的子系统,表达的语义空间是"有时是,有时不是"(sometimes yes,sometimes no),语义和可能性情态一样介于绝对的断言与否认之间。经常性情态由情态助动词(如"will""must")以及表示频率的副词(如"always""usually""sometimes")体现。例如:

(4) He'll sit there all day. (Halliday & Matthiessen,2014:177)

(5) He usually sits there all day. (Halliday & Matthiessen,2014:177)

在功能学派内部,对经常性情态的归属存在分歧。Thompson(2004)把经常性情态视为情态类型。Fawcett(2008:98)则明确指出,经常性情态表达时间意义(temporal meaning),属于经验意义的范畴。他把表达经常性的副词视为时间附加语,并认为它们的意义接近如"once a day"之类的周期性频率附加语。

其实,在 Halliday 最早对情态进行讨论的文章(Halliday,1970)中,情态(modality)仅指对可能性的评估,经常性情态并未被提及。然而，Halliday（1982）提出，情态化系统不仅包括可能性情态，而且还包括时间性（temporality）。时间性由"always""usually""sometimes""hardly"等情态附加语体现。他认为，时间性处于"是"与"否"的两极之间，把说话人的判断体现为时间上的不确定性（"at one time it is, at another time it is not"），时间性与确切的时间表达方式（如"then""now""at first"）在语篇中共同表达时间意义。他还指出，时间性与可能、义务情态在语言系统中紧密相联，这种相互关系由英语的助动词体现，助动词既可以表达时间情态意义，还可以表达可能、义务情态意义。在随后的经典著作中（Halliday,1994），时间性被更名为"经常性情态"，在情态化系统中被列为情态类型。

从以上可知，Halliday把经常性列为英语情态类型是基于两个原因：①从语义上来看，经常性的语义和可能性情态一样处于"是"与"否"的两极之间，把说话人的判断体现为时间上的不确定性；②从形式上来看，英语助动词既表达可能、义务、意愿情态意义，还表达经常性意义。

值得注意的是，在英语中，经常性表达方式较多与一般现在时连用，尽管它们也可以与一般过去时、现在完成时等连用。当经常性表达方式与一般现在时连用时，它不表明事件在某一特定时间或空间里已经发生，而是说话人基于现实世界发生的具体事件的观察而做出的一个概括或判断，具有一定的非现实性和主观性特征。例如：

(6) Knights <u>always</u> tell the truth, while knaves always lie. (COCA)

(7) School libraries <u>often</u> host author visits, science fairs, book fairs, staff meetings, and… (COCA)

在例（6）、例（7）中，副词"always"和"often"表明说话人基于现实世界发生的具体事件而做出的判断，不表示事件"knights tell the truth, knaves lie""school libraries host author visits"在一个特定的时间段内已经发生。

总之，在英语中，由于经常性是处于"是"与"否"之间的意义领域，把说话人的判断体现为时间上的不确定性，并且涉及说话人基于现实世界发生的事件而形成的概括或判断，在系统功能语言学的情态研究中，可以视为英语的情态类型。

综上所述，英语情态类型系统包括情态化和意态两个子系统：情态化指对命题的评估，包括可能性和经常性情态；意态指对提议的评估，包括义务、意愿及能力情态。

第二节 汉语情态类型系统[①]

一、Li(2007)和Halliday & McDonald(2004)提出的汉语情态类型系统

Li（2007：134）认为，情态是处于正负两极之间的领域，情态表明说话人在多大程度上为命题的有效性或提议的完成承担责任。他（Li, 2007：135）把情态类型系统划分为情态化和意态两个子系统，情态化包括可能性和经常性情态，意态包括义务和意愿情态，能力情态处于情态系统的边缘。汉语情态类型系统如图4.4所示：

[①] 本小节的部分内容作为国家社会科学基金项目的阶段性成果已发表于《解放军外国语学院学报》2021年第4期。

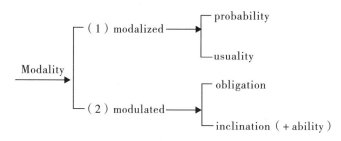

图 4.2 汉语情态类型系统 (Li, 2007: 158)

Halliday & McDonald (2004: 339) 同样认为,汉语情态系统包括情态化系统和意态子系统,情态化子系统是处于"是"(is)与"不是"(isn't)之间的意义领域,包括可能性和经常性情态;意态是处于"做"(do it)与"不做"(don't do it)之间的意义领域,包括义务、意愿和能力情态。

二、重新构建的汉语情态类型系统

如第二章所述,对于汉语情态包括哪些类型,汉语学界仍然存有争议。例如,谢佳玲(2002)认为情态类型除了认识、义务、动力之外,还有评价情态。鲁川(2003:324)认为情态类型除了"推断""必要"之外,还包括"常规""适度""机遇""评估"和"提议"等次类。温锁林(2013)把情态分为认识情态和表现情态两大类,后者包括"急促与舒缓、强调与委婉、惊异与惬意"等七个子范畴。

下面我们以余华的《活着》选段为例,来探讨汉语的情态类型系统。

龙二:"福贵,你是来找我借钱的吧?[a]"

"按理说我也该借几个钱给你[b],俗话说是救急不救穷[c],我啊,只能救你的急[d],不会救你的穷[e]。"

福贵:"我想租几亩田。[f]"
龙二:"你要租几亩?[g]"
福贵:"租五亩。[h]"
龙二:"五亩?[i]你这身体能行吗?[j]"
福贵:"练练就行了。[k]"
龙二:"我们是老相识了,我给你五亩好田。[l]"

以上这段对话发生在主人公福贵踏进地主龙二的家中之后。[a]句为命题,说话人龙二用语气词"吧"表达对命题可能性的评价。在命题中,交际双方协商的是信息,正极与负极的意义是断言与否认,正极"是这样"(it is so),负极"不是这样"(it isn't so)(Halliday & McDonald, 2004)。在断言与否认之间,说话人可以表达不同程度的对命题可能性的判断(肯定/大概/也许是这样)。以[a]句为例:

(8) a. 你<u>是</u>来找我借钱的。
b. 你<u>肯定</u>是来找我借钱的。
c. 你<u>大概</u>是来找我借钱的。
d. 你是来找我借钱的<u>吧</u>?
e. 你<u>可能</u>是来找我借钱的。
f. 你<u>不是</u>来找我借钱的。

例(8a)和例(8f)分别属于断言和否认,在断言与否认之间,说话人可以表达不同程度的对命题可能性的判断,如例(8b)~例(8e)。

上段对话中的[b][d][e][f][j]句为提议,在提议中,说话人龙二用情态动词"该""能"表达施加给自身的义务,用情态动词"不会"表达自身的意愿,并用情态动词"能"质疑听话人福贵做某事的能力；听话人福贵用情态动词"想"表达自身的意愿。在提议中，交际双方协商的是商品或服务，正极与负极的意义是规定（prescribing）和禁止（proscribing），正极"做某事"（do it），负极"不做某事"（don't do it）（Halliday & McDonald，2004）。在正极与负极之间，说话人可以施加不同程度的义务（必须/应该/可以）给听话人或自身做某事，或者说话人表达不同程度的意愿或能力（能/要/愿意）做某事。以［b］句为例：

（9）a. 我借几个钱给你。
    b. 我<u>必须</u>借几个钱给你。
    c. 我<u>应该</u>借几个钱给你。
    d. 我<u>可以</u>借几个钱给你。
    e. 我<u>不</u>借钱给你。

例（9a）和例（9e）分别表达规定与禁止，在规定与禁止之间，说话人可以施加不同程度的义务给听话人或自身完成指令，如例（9b）～例（9d）。

由此可见，情态表达说话人对命题或提议的判断与观点，是处于断言与否认、规定与禁止中间地带的意义。在命题中，说话人可以表达对命题可能性的判断；在提议中，说话人可以表达对义务、意愿和能力的评估。我们可以在汉语中确立两类基本情态：情态化和意态。情态化指对命题可能性的评估，包括可能性情态；意态与对提议的评估有关，包括义务、意愿和能力情态。

鲁川（2003：324-328）认为，情态范畴除了"推断""必要"之外，还包括"常规""机遇""适度"等次类。如下所示：

(10) 他的脚受了伤，却仍然在足球场上跑。（常规：照常）
(11) 这么冷的天偏偏穿个短裤。（常规：反常）
(12) 幸亏弟弟带了伞。（机遇：刚好）
(13) 那个球恰巧砸在小芬的头上。（机遇：则好）
(14) 作业过于多，影响了孩子的健康。（适度：过分）
(15) 他这么干，准保要倒霉。（推断：确定）

从系统功能语言学的角度来看，例（10）～例（15）均为命题，交际双方协商的都是信息。命题正极与负级的意义是断言与否认，在断言与否认之间，说话人可以表达不同程度的不确定性，即为情态。然而，在例（10）～例（14）中，副词"仍然""偏偏""幸亏""恰巧""过于"仅表达说话人对命题的态度，属于评价附加语（comment adjunct）；小句的意义仍然处于正极，属于断言，而非处于断言与否认的两极之间。因此，由这些副词表达的"常规""机遇""适度"均不属于情态次类。在例（15）中，副词"准保"表达说话人对命题可能性的评价，小句意义处于两级之间（倒霉与不倒霉），因此，由"准保"体现的"推断"属于情态次类。

接下来，我们讨论汉语意愿情态。在英语中，意愿情态由助动词"will"或者形容词词组"be keen/willing/determined to"等实现，意愿情态不做进一步区分。Li（2007）以及 Halliday & McDonald（2004）也均未对汉语意愿情态做进一步划分。实质上，汉语意愿情态可进一步细分，如下例所示：

(16) 宗庆后：我不会打高尔夫，也没去打高尔夫。但是呢，我的工作我成功了，我感觉很快乐，这也是我的乐趣。如果你不让我干活了，我感觉可能是麻烦。我们公司到现在是第 26 年了，我想在我的手里是创业创出了这么大个公司，现在我们希望基业常青，追求卓越。应该说中国的百年老店比较少，我想中国人也能办成百年老店，所以<u>我要把它第三次创业</u>，把这个技术搞扎实。但是我是活不到我这个百年老店，百年还有七十五年呢。

杨澜：啊，这创造生命奇迹了就。

宗庆后：所以<u>我想把这个技术搞扎实</u>，希望这个娃哈哈能够成为百年老店。(《杨澜访谈录》)

(17) 杨渔隐经过长期考虑，跟小莲子提出，要娶她。"你跟我这么久，我已经离不开你；外人也难免有些闲话。我比你大不少岁，有点委屈了你。你考虑考虑。"

小莲子想起杨夫人临终的嘱咐，就低了头说："<u>我愿意</u>。"(CCL，《作家文摘》1996 年)

(18) 祖母把饭倒在菌汤内，叫伯祖、父亲和我吃。<u>我不肯吃</u>。(CCL，《读书》第 37 期)

在例（16）中，说话人用情态动词"要"表达自身"把它第三次创业"的意愿，用情态动词"想"表达自身"把这个技术搞扎实"的意愿，情态动词"要"和"想"均表达说话人的自发、主动的意愿。在例（17）中，说话人用情态动词"愿意"表达对"杨渔隐要娶她"的回应。在例（18）中，说话人用情态动词"不肯"表达对事件"祖母把饭倒在菌汤内，叫我吃饭"的回应，情态动词"愿意""不肯"均表达回应性意愿。在例（16）中，情态动词"要"和"想"不能换成"愿意""乐意肯"，因为说话人无须对某一情形或事件进行意愿上的选择或回应。例（17）～例（18）的情态动词"愿意""不肯"不能换成"想""要"，因为说话人需要对事件进行意愿上的选择或回应。

　　汉语意愿情态可以划分为自发性意愿和回应性意愿，自发性意愿表达说话人具有自发、主动的意愿去完成某事，回应性意愿表达说话人针对某种情形或事件进行意愿上的回应。自发性意愿由情态动词"要"和"想"等体现，回应性意愿由"愿意""乐意""肯"等实现。

　　最后，我们来看能力情态。在英语中，能力情态由助动词"can"或者形容词词组"be able to"实现，能力情态不做进一步区分。然而，在汉语中，能力情态系统可进一步细分，如例（19）～例（21）所示：

（19）宗庆后：我感觉我不干活，反而更加无聊，平时也没什么业余爱好。

　　杨澜：也不打高尔夫？

　　宗庆后：我<u>不会打高尔夫</u>，也没去打高尔夫。（《杨澜访谈录》）

（20）解说：《鲁豫有约》，精彩马上继续。与方舟子等人就转基因问题争论，与司马南反目成仇，痛批湖南教育厅，微博成为崔永元的一个战场。他在网上吵架，似乎是个老愤青，偏执，也骂粗口，始终在为着那些在很多人看来与己无关的事情而忙碌着。2005年崔永元在接受采访时曾说："中国最需要的是拍案而起的知识分子，我一直想做一个拍案而起的人，但是那样的人除了要有血性，还需要有知识，我认为我的血性足够，我的知识储备不够，但是起码<u>我能拍桌子</u>。"（《鲁豫有约》）

（21）洗局长：（愣了会儿）反正你跑不了！（坐下）说

实话，你是不是侦探？

　　徐芳蜜：是怎样，不是又怎样？

　　冼局长：<u>我可以要你的命，也可以保住你的命</u>！（CCL，老舍：《残雾》）

　　在例（19）中，"会"强调说话人需要通过后天学习而获得的某种技能，"不会"指说话人没有获得"打高尔夫"的技能。如果把"不会"替换成"不能"，说话人强调的可能是自身的体能不适合打高尔夫。在例（20）中，情态动词"能"强调说话人具有血性，具有与人抗争的能力，"能"指说话人的内在能力，包括体能和智力能力。在例（21）中，"可以"强调说话人的内在能力。在例（20）～例（21）中，"能"和"可以"不能替换成"会"，因为"拍桌子"与人抗争和"要你的命""保住你的命"不是通过后天学习而获得的技能。

　　汉语能力情态可细分为习得技能（knowing-how）和内在能力（internal ability），前者由情态动词"会"表达，后者由"能"和"可以"表达。现代汉语的这一区分与同属汉藏语系的傈僳语相似，傈僳语有两个形式标志分别体现技能和体能；在法语中也区分这两类能力情态（Palmer，2001）。

三、汉语经常性的归属

　　Halliday & McDonald（2004）以及 Li（2007）均把经常性视作情态类型，列入情态化系统。朱永生（1996：189）则认为，在英语中，经常性与可能性的实现方式部分重叠，而在汉语中，经常性与可能性的实现方式不存在重叠，因此，经常性不属于汉语情态范畴。

的确,在汉语中,情态动词不单独表达经常性。然而,情态动词"要"和"会"可以与频率副词"每""每当"等标记一起表达经常性意义,例如:

(22) 他<u>常常会</u>回去探望可馨的母亲(CCL,张欣:《爱又如何》)
(23) 这个十六七岁的女孩,羞怯地与我共同度过了一个炎热的下午,她<u>每次</u>露出笑容时都<u>要</u>深深地低下头去。(余华:《活着》)

在例(22)中,情态动词"会"与频率副词"常常"连用表达经常性。如果删去频率副词"常常",情态动词"会"表达可能性或意愿情态。在例(23)中,情态动词"要"表达经常性。如果删去前面的"每次露出笑容时",情态动词"要"表达的经常性意义不复存在。

在汉语中,经常性主要通过频率副词,如"总是""常常""经常""偶尔""有时"等表示。频率副词通常被视为时间副词的小类(陆俭明、马真,1999),或与时间副词一起归为一大类(胡裕树,1995;黄伯荣、廖序东,2017),或作为单独的一类词(刘月华等,2001;张谊生,2000)。邹海清(2006:37-39)认为,频率副词是对单位时间内事件、行为或状态等重复的次数加以计量表述的副词,不确定性是频率副词的一个基本特征。我们认为,由汉语频率副词表达的经常性语义仍然处于"是"与"否"之间,频率副词把说话人的判断体现为时间上的不确定性。例如:

(24) a. 我还是老样子,腰还是<u>常常</u>疼。(余华:《活着》)

b. 腰还是疼。
c. 腰不疼。

在例（24）中，频率副词"常常"表达的语义介于断言例（24b）和否认例（24c）之间。

然而，与英语的经常性表达方式不同的是，在不特别添加表将来的时间附加语如"以后""将来"的情况下，汉语频率副词表达说话人对过去至说话时间这一个有界的时间段内事件、状态或行为发生频率的判断。也就是说，频率副词指向的这一事件或状态是在一个有界的时间段内已经发生的。例如：

（25）"我有一位朋友。"陈河说，"总是有不少女人去找他。"（CCL，余华：《偶然事件》）
（26）经营总是搞不好，这是应当吸取教训的。（CCL，《人民日报》1995年8月）
（27）宗庆后：她经常开开头脑风暴会，大家各自谈谈自己想法看法，怎么做？（《杨澜访谈录》）
（28）徐志摩发现徽因读书很多，他们常常谈及一些作家作品。这些谈话让他兴奋。（CCL，张清平：《林徽因》）
（29）普通中小学有时也进行一定的职业教育，但这是很不足的。（CCL，《知名学者论文集》）

例（25）～例（29）均缺省时间附加语，频率副词"总是""经常""有时"表达说话人对过去至说话时间这一有界的时间段内事件或行为发生频率的判断，频率副词指向的均是已经发生的事件。在例（26）中，频率副词"总是"表明"经营搞不好"这一事件已经发生，后一句是对这一已发生事件的评论。在例（28）中，频率副词"常常"表明"他们谈及一些作家作品"这一事件已经发生，下一句紧接着的是"这些谈话"所产生的效果。在例（29）中，频率副词"有时"表明"普通中小学进行一定的职业教育"这一事件已经发生，后一句是说话人对这一事件发生频率的评论。

从这一点来看，在汉语中，由频率副词表达的经常性与其他四类情态存在本质上的区别：经常性指过去至说话时间这一个有界的时间段内已发生的事件，可能性情态指仅存在于人的思想领域中的事件，义务、意愿和能力情态指未实现而潜在有可能实现的事件。例如：

（30）家珍的病<u>可能</u>会越来越重，也<u>可能</u>就这样了。（余华：《活着》）

（31）县太爷的公子更<u>应该</u>为党国出力嘛。（余华：《活着》）

（32）我说："我<u>要</u>买这牛。"（余华：《活着》）

在例（30）中，情态副词"可能"指仅存在于人的思想领域中的事件。在例（31）～例（32）中，情态动词"应该""要"均指未实现的事件。

如果我们把例（25）～例（29）中的频率副词换成情态词，小句意义就发生改变。例如：

（25a）"我有一位朋友。"陈河说，"可能/应该有不少女人去找他。"

（26a）*经营可能/应该搞不好，这是应当吸取教训的。

（27a）宗庆后：她可能/应该/想/开开头脑风暴会，大家各自谈谈自己想法看法，怎么做？

(28a) *徐志摩发现徽因读书很多,他们可能/应该/想/能谈及一些作家作品。这些谈话让他兴奋。

(29a) *普通中小学可能/应该/想/能进行一定的职业教育,但这是很不足的。

在例(25a)～例(29a)中,情态词"可能""应该""想"表明事件只存在于人的思想领域中或者事件未发生,不表明事件在某一时间段内已经发生,因而不能附加对事件发生频率的评价,例(26a)、例(28a)～例(29a)等句子不成立。

总之,从语义上来看,由汉语频率副词体现的经常性指在一个有界的时间段内事件已经发生,具备现实性特征,而其他四类情态指仅存在于人的思想领域中或未实现的事件,具备非现实性特征,前者和后者有本质上的差别。从表达形式来看,汉语的情态动词不单独表达经常性意义。在汉语中,我们可以尝试把经常性排除在情态系统之外。

综上所述,汉语情态类型系统如图4.3所示。

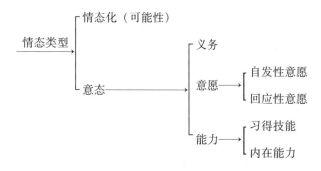

图4.3 重新构建的汉语情态类型系统

如图4.3所示，汉语情态类型系统包括情态化和意态子系统。情态化指对命题可能性的判断，包括可能性情态；意态包括义务、意愿和能力情态，其中，意愿情态又包括自发性意愿和回应性意愿，能力情态包括习得技能和内在能力。

第三节　汉英情态类型系统对比

研究表明，在汉语和英语中，情态是介于"是"与"否"之间的意义领域，是处于断言与否认、规定与禁止中间地带的意义。汉语和英语情态类型系统均包括情态化和意态两大子系统，在精密度较高的情态化和意态的子系统层面，汉语和英语存在区别。

在英语中，情态化系统包括可能性和经常性情态。由于经常性是处于"是"与"否"之间的意义领域，把说话人的判断体现为时间上的不确定性，并且涉及说话人基于现实世界发生的事件而形成的判断，在系统功能语言学的情态研究中，可以视为英语的情态类型。意态包括义务、意愿和能力三种情态，意愿和能力情态均不做进一步区分。

在汉语中，情态化仅指说话人对命题可能性的评价，包括可能性情态。汉语的经常性由频率副词"总是""常常""经常""偶尔""有时"等表示，表达说话人对从过去至说话时这一个有界的时间段内事件、状态或行为发生频率的判断，具备现实性特征，而其他几类情态指仅存在于人的思想领域中或未实现的事件，具备非现实性特征。经常性和其他几类情态有本质上的差别，可以排除在情态系统之外。意态包括义务、意愿和能力三种情态。其中，意愿情态可划分为自发性意愿和回应性意愿。自发性意愿表达说话人具有自发、主动的意愿去完成某事，回应性意愿表达说话人针对某种情形或事件进行意愿上的回应。能力情态可细分为习得技能和内在能力。习得技能指说话人需要通过后天学习而获得的某种技能，内在能力指说话人的体能和智力能力。

第五章　汉英情态量级系统对比研究

本章第一节对英语和汉语学界的情态量级研究进行回顾，第二节从系统功能语言学的视角分析英语情态量级系统，第三节对汉语情态量级系统进行描写，最后对比汉英语言中的情态量级系统。

第一节　汉英情态量级研究回顾

对于英语情态是否存在量级（degrees/scales）的问题，功能语言学派和形式语义学派存在分歧。功能语言学派大多认为情态存在量级。Hoye（1997）认为认识情态具备量级，认识情态副词与情态助动词的连用可以强化或弱化情态量级。Nuyts（2006：4—6）明确指出，英语认识情态和道义情态具备量级：认识情态表达对事件可能性不同程度的评估，情态量级包括确定性、盖然性、可能性等；道义情态表达对事件道义不同程度的评估，情态量级包括道义必要性、道义合意性、道义可接受性。Palmer（2001）认为，认识情态和道义情态均具有量级，在英语中，通常由认识和道义情态助动词的过去形式（如"might""could"）来表达较弱程度的情态语义。形式语义学派（如 Kratzer，1981）则认为情态不存在量级，所有的情态范畴都应从可能性（possibility）和必要性（necessity）角度来进行分析。

汉语学界有不少学者认为汉语情态存在量级，然而对情态量级的等级却存有争议。

沈家煊（1999：137-143）把汉语中表达情态和意态的语词统称为"判断语词"。他认为，判断语词存在语义强度，概率情态有可能、多半、肯定三个语义等级，意态包括允许、应该、必须三个强制程度语义等级和同意、赞成、保证三个意愿程度语义等级。他还指出，判断语词的语义强度呈现出连续性，判断语词在语义强度的等级上并不是分布在弱、中、强三个离散的位置上，而是由弱到强的连续变化。

彭利贞（2007）指出，认识情态包含必然、盖然、可能三个语义等级，道义情态包含必要、义务、许可三个语义等级，均可由情态动词实现。

徐晶凝（2007）认为，认识情态包括强（必然性）、中（应然性）、弱（可能性）三个梯度，其中每一梯度内部又有弱、中、强三个语义梯度；道义情态包括高（命令）、中（义务）、低（许可）三个梯度。该研究认为，情态梯度是由情态助动词和核心情态副词来实现的。其中，情态助动词主要用于表达情态意义上的差异而非情态梯度，核心情态副词专门用于表达情态梯度。

范伟（2012）探讨了各类情态的量级特征，她认为，认识情态语义强度包括三个等级：断定＞揣测＞旁证；道义情态语义强度包括四个等级：命令＞义务＞建议＞许可；意愿情态语义强度包含四个等级：决意＞意图＞愿望＞同意；能力情态的语义强度包括两个等级：特长＞能力。

高亮（2017）在控制力假设框架下，探讨了汉语意愿情态动词的意愿等级。他认为，汉语意愿情态动词存在六个意愿等级：会＞肯＞要＞愿意＞希望＞想。

张云秋和李若凡（2017）把汉语情态划分为三个量级：可能性、盖然性、必要性，三个量级均可由情态动词、情态助词、情态副词实现。该研究指出，情态量级本质上是一种主观性的量化，三个量级之间的界限不一定非常清晰，也就是说，在不同的量级之间可能存在中间状态，自然语言的情态量级并非如模态逻辑那样整齐划一，其语义等级表现可能更为复杂。该研究还认为，情态副词是调节和补充情态量值及主观性高低的重要手段，不同认识情态动词的连用也可以调节情态量值，对情态量值起到细化作用。

鉴于学界仍然对情态量级存有争议，下面我们从系统功能语言学视角，从具体的语篇着手来探讨汉语和英语情态量级子系统。

第二节　英语情态量级系统

一、Halliday（1970，1994）提出的情态量级系统

情态量级这一概念在 Halliday 最早对情态进行讨论的文章（Halliday，1970）中已有零星提及。Halliday（1970）指出情态（modality）是说话人对可能性的评估，包括 probable 和 possible/certain 两个子系统，其中 possible/certain 子系统再划分为 possible，virtually uncertain，certain 三大类型，如图 5.1 所示。

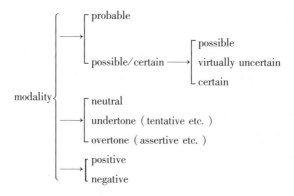

图 5.1 英语情态系统（Halliday,1970:331）

Halliday 指出，区分 probable 和 possible/certain 两个子系统是因为 probable 是中量级（intermediate value），possible/certain 是处于两端的量级（outer/polar values），两者与否定的关系密切。当对情态进行否定（如 it is *not probable*）变为对命题进行否定时（it is probable that …*not* …），包含 probable 句子的情态意义保持不变，而包含 possible/certain 句子的情态意义发生变化。例如：

(1) It is probable that this gazebo was not built by Wren.
(2) It is not probable that this gazebo was built by Wren.
(3) It is possible that this gazebo was not built by Wren.
(4) It is not possible that this gazebo was not built by Wren.

在例（1）中，命题被否定，在例（2）中，情态被否定。当对命题进行否定变为对情态进行否定时，例（1）和例（2）句的情态意义保持不变。在例（3）和例（4）句中，句子情态意义发生了变化，Halliday（1970:331）认为例（3）～例（4）可分别用助动词"may"和"can't"

改写：

(3a) This gazebo may not have been built by Wren.

(4a) This gazebo can't have been built by Wren.

Halliday（1970）虽然没有明确提出情态具有量级系统，但是情态量级的概念已初见雏形。

在随后的经典著作中，Halliday（1994）明确指出，英语情态系统包括情态类型系统、情态取向系统、情态量级系统和极性系统。情态量级系统包括高（high）、中（median）、低（low）三个量级，其中高、低量级又可称为两端量级（outer values）。Halliday & Matthiessen（2014）持与之相同的观点。英语情态量级系统如图5.2所示。

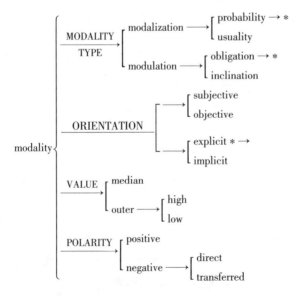

图5.2 英语情态系统网络（Halliday & Matthiessen，2014：182）

Halliday（1994）认为，英语可能性（probability，或 p）、经常性（usuality，或 u）、义务（obligation，或 o）、意愿（inclination，或 i）四类情态均有三个量级（能力情态除外），如表5.1所示。

表 5.1　情态的三个量级（Halliday，1994：358）

Value	Probability	Usuality	Obligation	Inclination
high	certain	always	required	determined
median	probable	usual	supposed	keen
low	possible	sometimes	allowed	willing

Halliday（1994：358）还认为，中量级与高、低量级通过在极性系统中对否定的选择而区分开来。当对命题进行否定变为对情态进行否定时，中量级情态词的情态量值保持不变，如下例所示：

（probability）It's likely Mary doesn't know.
　　　　　　　It isn't likely Mary knows.
（usuality）Fred usually doesn't stay.
　　　　　Fred doesn't usually stay.
（obligation）John's supposed not to go.
　　　　　　John's not supposed to go.
（inclination）John's keen not to take part.
　　　　　　Jane's not keen to take part.
　　　　　　　　　　（Halliday，1994：358）

当否定命题变为否定情态时，高、低量级情态词的情态量值发生变化，情态量值由低变高或由高变低，例如：

（p：high） It's certain Mary doesn't know.
　　　　　　It isn't possible Mary knows.
（p：low） It's possible Mary doesn't know.
　　　　　　It isn't certain Mary knows
（u：high） Fred always doesn't stay.
　　　　　　Fred doesn't sometimes stay.
（u：low） Fred sometimes doesn't stay.
　　　　　　Fred doesn't always stay.
（o：high） John's required not to go John.
　　　　　　Isn't allowed to go.
（o：low） John's allowed not to go John.
　　　　　　Isn't required to go.
（i：high） Jane's determined not to take part.
　　　　　　Jane isn't willing to take part.
（i：low） Jane's willing not to take part.
　　　　　　Jane isn't determined to take part.
（Halliday，1994：359）

以上各例中，当从否定命题变为否定情态时，情态量级由命题被否定时的高量级（"it is certain…"）变为低量级（"it isn't certain…"）。

Halliday（1994）以及Halliday & Matthiessen（2014）提出，英语的可能性、经常性、义务和意愿情态均具备高、中、低三个量级，并从极性的角度区分了高、低量级与中量级。

二、英语可能性情态量级连续体

Thompson（2004：69）认为，英语情态具备高、中、低三个量级，说话人可以对命题效度表达不同程度的可能性（it will/may rain），或者表达不同程度的压力以便让听话人完成指令（you must/should leave）。同时，他也强调情态的三个量级只是一个理想化的划分，这三个量级不是绝对的范畴。但是，他并未就此进一步深入进行探讨。

我们发现，在实际的语篇中，说话人的可能性情态评价不只由一个情态成分实现，而是可以由多个情态成分共同体现。由多个情态成分体现的情态评价难以简单地用高、中、低三个量级进行区分。如例（5）～例（8）：

（5）"Have you ever been to the Moulid?" she asked.
"Not this one."
"Ah. Then you must take her. Yes, you must certainly take her." (BNC)

（6）Drama work in a historic setting need not involve a polished "performance" but rather a workshop situation where every pupil is encouraged to enter into the thoughts and the feelings of a historical character, or perhaps several characters in turn. It may involve the use of relevant historic documents. It will certainly involve a lot of discussion and asking questions, and an appreciation of the setting. (BNC)

（7）Everybody just stay calm, and we'll get out of here standing.
My mom may probably be mad at me now. (BNC)

（8）Mr. Speaker: I have no knowledge of a statement. Certainly one was not offered today. It <u>may possibly</u> be offered tomorrow, but I do not know. (BNC)

在例（5）中，情态助动词"must"表达高量级可能性情态，情态副词"certainly"表明说话人对所说话语的信心，两者的连用"must certainly"强化了高量级可能性情态，可以视为被强化的高量级（reinforced high value）。在例（6）中，情态助动词"will"是中量级可能性情态，情态副词"certainly"强化了"will"的可能性情态语义，组合"will certainly"表达的语义介于高、中量级之间，可以视为中高量级。在例（7）中，说话人用"may probably"表达对命题可能性的评价，情态动词"may"是低量级情态词，情态副词"probably"是中量级情态词。说话人用中量级情态副词强化了对命题可能性的评价，"may probably"情态量级处于中级与低级之间，可视为中低量级。在例（8）中，说话人用"may possibly"表达对命题可能性的评价，与单一的低量级情态动词"may"和情态副词"possibly"相比，"may possibly"表达的低量级情态意义得到强化，可以视为被强化的低量级（reinforced low value）。

由此可见，可能性情态的高、中、低三个量级不是一个绝对和离散的范畴，可能性情态量级实质上形成一个连续体（cline）。Halliday（2009：66）指出，有一些系统以"连续体"的形式存在，系统的各个选项不是离散的一组术语，而是呈现连续性特征，如表5.2所示。

表 5.2 可能性情态量级及实现方式

情态量级	情态实现方式		
	情态助动词	情态副词	情态助动词+情态副词
强化的高量级	—	—	must certainly/surely
高量级	must	certainly	
中高量级	—	will certainly	
中量级	will	probably	
中低量级	—	may probably	
低量级	may	possibly	
强化的低量级	—	may possibly	

英语可能性情态连续体如图 5.3 所示：

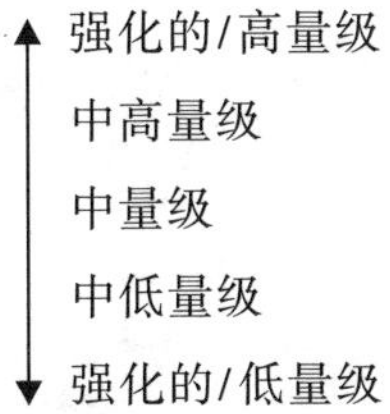

↑ 强化的/高量级
中高量级
中量级
中低量级
↓ 强化的/低量级

图 5.3 英语可能性情态连续体

综上所述，英语可能性情态评价可以由多个情态成分在一个小句中共同体现，情态量级形成一个由高到低的连续体。英语义务、意愿、能力情态评价由单一的情态助动词（如"must/should/can"）或谓语扩展（"be required/supposed/allowed to"）实现（Halliday & Matthiessen，2014：178），情态成分之间不可连用，情态评价仍然可以用高、中、低三个量级进行粗略划分。

第三节 汉语情态量级系统

一、Halliday & McDonald（2004）和 Li（2007）提出的汉语情态量级系统

系统功能语言学框架下的汉语情态研究认为，汉语的各类情态均存在高、中、低三个量级（Zhu, 1996；McDonald, 1998；Halliday & McDonald, 2004；Li, 2007），如表 5.3 所示。

表 5.3　汉语情态量级（Li, 2007: 140）

Modality	Modal values	Modal auxiliaries	Modal adverbs
Modalization Probability	certain	(yīng) gāi	bìdìng, yīdìng, ding
	probable		dàgài, duōbàn
	possible		kě (néng), yěxǔ, huòxǔ
Modalization: Usuality	always		yīzhí, zǒngshì
	usually		chángcháng, wǎngwǎng
	sometimes		yǒushí, ǒuěr
Modulation Obligation	required	bìxū	wù (bì)
	supposed	yīnggāi	
	allowed	kě (yǐ)	
Modulation: Inclination	(ability)	néng (gòu), huì	
	determined	(dìng) yào	
	keen	xiǎng	
	willing	yuànyì	

如表 5.3 所示，Li（2007）认为，汉语可能性情态、经常性情态、义务情态和意愿情态均有高、中、低三个量级，由情态助动词或情态副词实现。

Halliday & McDonald（2004：339 - 340）指出，汉语的中量级情态与高、低量级情态通过在极性系统中对否定的选择而区分开来。当对命题进行否定变为对情态进行否定时，中量级情态词的情态量值保持不变，而高、低量级情态词的情态量值发生变化，如表 5.4 所示：

表 5.4　汉语义务情态与否定（Halliday & McDonald, 2004：340）

	Median	Low	High
"straight" [negative on the proposal]	yīnggāi bù	kěyǐ bù	xūyào bù
"transferred" [negative on modality]	bù yīnggāi	bù xūyào	bù kěyǐ

由表 5.4 可知，由否定命题变为否定情态时，汉语中量级情态动词的情态量值保持不变，"应该不"和"不应该"均是中量级；而高、低量级情态词的情态量值发生变化，"可以不"是低量级，而"不可以"是高量级。

综上所述，Halliday & McDonald（2004）以及 Li（2007）认为汉语可能性、义务、意愿情态均具备高、中、低三个量级，并从极性系统的角度把高低量级与中量级区分开来。下面我们从具体的语篇着手，依次探讨汉语可能性情态、义务情态、意愿情态的情态量级。

二、可能性情态量级系统

可能性情态表达对命题可能性的评估。下面我们结合三段对话来探讨汉语可能性情态量级系统，以下对话均出自电视剧《人民的名义》。

(9) 大风厂员工：快，快快跑。
郑西坡：（接电话）喂，什么？好好好，我马上回去，<u>常成虎的拆迁队来了</u>，带了好多推土机，我看今天晚上<u>要</u>出事，你照看好那个蔡总，我马上赶回去，把钥匙给我。

(10) 季昌明：丁义珍已经离开京州了？
祁同伟：对，<u>他现在在省岩石高速上</u>。
陈海：<u>丁义珍是岩台人</u>，他<u>应该</u>是去岩台山方向。

(11) 季昌明：王主任，你不要紧张，好好想一想，丁义珍走之前，有没有人找过他呀？他打过电话没有，接过电话没有？他就没有向你交代点什么？
王主任：哦，对了，酒喝到一半的时候，来了个电话。
陈海：谁的电话？
王主任：<u>可能</u>是刘省长吧，<u>丁副市长说，他要给刘省长准备材料</u>。

在例（9）中，说话人基于所见或所知证据"常成虎的拆迁队来了，带了好多推土机"，而做出了"今天晚上要出事"的这一高值确定性判断。情态动词"要"表明说话人基于事实或证据对命题的确定性判断。在例（10）中，说话人基于"他是岩台人"和"他现在在省岩石高速上"这些事实，做出了"他应该是去岩台山方向"这一合乎情理的推测。情态动词"应该"表明说话人基于情理或常识对命题的盖然性判断。在例（11）中，由于缺乏强有力的证据或事实，说话人用情态动词"可能"表达对命题的不确定性推测。

从以上例句可知，通过运用情态动词"要""应该"和情态副词"可能"，说话人表达对命题高、中、低不同程度的可能性判断。和英语可能性情态一样，汉语可能性情态也可以建立高（确定性）、中（盖然性）、低（可能性）三个基础量级的系统。

然而，值得注意的是，在一个汉语小句中，除了单一的情态成分之外，说话人还可以通过情态成分的连用来赋予情态评价。情态成分的连用旨在细化情态量级，更精确地表达说话人不同程度的情态评价。例如：

（12）常成虎：兄弟们，现在可以告诉你们了，今夜就是总攻了，距孙区长和李书记的要求还差三天，距山水集团的要求，还有六天，主任说了，大家都在等着我们的捷报呢。

黑头：虎哥，这大风厂可不一般呐，这里面可有麻包战壕。

男：所以说这是一场硬仗嘛，<u>肯定要流血</u>。（《人民的名义》）

（13）蔡成功：还是不行，那毕竟这件事儿是给政府捅了大娄子了，<u>肯定生我的气呀</u>！政府饶不了我，<u>肯定得办我</u>。

郑西坡：要我说，你就想多了，那政府他就是想抓你。（《人民的名义》）

(14) 他爱过一个同乡的"四小姐",她要到日本留学,本来可以一块去,"要四百块钱——就是没有,"他笑着说。"我看见她这两年的一张照片,也没怎么改变。穿着衬衫,长裤子,"他说。他没说她结了婚没有,九莉也不忍问。她想<u>大概一定早已结了婚了</u>。(CCL,张爱玲:《小团圆》)

(15) 拉拉小心地问:"那万科呢?"

陈丰说:"万科一直在温和放量,<u>应该要涨</u>。"

拉拉很想问"你买的是什么股?"终究没好意思问。(CCL,李可:《杜拉拉升职记》)

(16) 走到后院,见墙角边放着一柄花锄,心想:"我便永远在这里陪着阿朱吧?"左手仍抱着阿朱,说什么也舍不得放开她片刻,右手提起花锄,走到方竹林中,掘了一个坑,又掘了一个坑,两个土坑并列在一起。心想:"她父母回来,<u>多半要挖开坟来看个究竟</u>。须得在墓前竖上块牌子才是。"(CCL,金庸:《天龙八部》)

(17) 不建立核心,处于涣散的状况,这个党委的工作是做不好的。这次会上"将军",<u>大概多半是</u>"将""班长"的"军"。(CCL,邓小平:《邓小平文选》)

(18) 何科长问起园里收入的情况,张信说:"按原来的预算是一千五百万,现在听说超过,可不知道超过了多少。"又问王兴老汉说:"<u>大概可能卖到两千万吧</u>?"王兴老汉说:"在造预算时候我就说过对园里的估计不正确。现在已经卖够一千五百万了,将来连萝卜白菜卖完了,至少也还卖一千五百万!"(CCL,赵树理:《三里湾》)

(19) 他晓得自己的病源在哪里,可是为安慰自己,他以为这<u>大概也许</u>因为二十多天没拉车,把腿撂生了;跑过几趟来,把腿蹓开,或者也就没事了。(CCL,老舍:《骆驼祥

子》)

(20) 左宗棠与胡叔纯相视一眼,迟疑了好一会才道:"乔东家必有耳闻,此次军饷数额巨大,况且万里驱驰,战事难料,也许可能速战速决,但更可能旷日持久……"

左宗棠这个颇为爽快之人,一时间竟也说不下去了。(CCL,朱秀梅:《乔家大院》)

在例(12)和例(13)中,情态副词"肯定"表明说话人对所说话语的信心(confidence),是高量级可能性情态,情态动词"要"和"得"也表达高量级可能性情态,高量级情态动词和情态副词的连用强化了说话人的高量级可能性情态评价。在例(14)中,情态副词"大概"表达中量级可能性情态,情态副词"一定"表达高量级可能性情态,"大概"和"一定"的连用弱化了"一定"的情态语义,"大概一定"的情态语义介于高、中量级之间,可视为中高量级。在例(15)中,情态动词"应该"表达的情态语义处于中量级,"应该"的使用弱化了高量级情态动词"要"的情态语义,"应该要"的情态量值介于高、中量级之间,也可视为中高量级。例(16)中,情态副词"多半"表达中量级可能性情态,"多半"同样弱化了高量级情态动词"要"的情态语义,"多半要"情态语义介于高、中量级之间,同样可视为中高量级。例(17)中的情态副词"大概""多半"均表达中量级可能性情态,中量值情态副词的连用强化了中量级可能性情态。在例(18)和例(19)中,情态副词"可能""也许"分别表达低量级可能性情态,组合"大概可能""大概也许"表达的情态语义介于中、低量级之间,可视为中低量级。在例(20)中,情态副词"也许""可能"均表达低值可能性情态,低值情态副词的连用

77

强化了低量级可能性情态。

由此可见，汉语可能性情态的高、中、低三个量级并非泾渭分明的等级。在量级与量级之间，存在中间地带；在每个量级内部，情态意义也存在细微差别。可能性情态量级系统以连续体的形式存在。

与英语可能性情态相比，汉语可能性情态的实现形式更加丰富。英语可能性情态量级只能由情态动词与情态副词的连用体现，而汉语可能性情态可以由情态动词的连用、情态副词的连用，以及情态动词与情态副词的连用来体现，由此，说话人可以表达对命题的不同程度的可能性评价。汉语可能性情态量级及实现方式如表5.5所示。

表5.5 汉语可能性情态量级及实现方式

情态量级	情态实现方式				
	情态动词	情态副词	情态动词+情态副词	情态动词+情态动词	情态副词+情态副词
强化的高量级	—	—	肯定要、肯定得、一定要	—	—
高量级	要、得	肯定、一定	—	—	—
中高量级	—	—	多半要、大概要	应该要	大概一定
强化的中量级	—	—	—	—	大概多半

续上表

情态量级	情态实现方式				
	情态动词	情态副词	情态动词+情态副词	情态副词+情态动词	情态副词+情态副词
中量级	应该	大概、多半	—	—	—
中低量级	—	—	应该可能	—	大概可能、大概也许
低量级	—	可能、也许	—	—	—
强化的低量级	—	—	—	—	也许可能、或许可能

汉语可能性情态量级形成连续体，如图 5.4 所示：

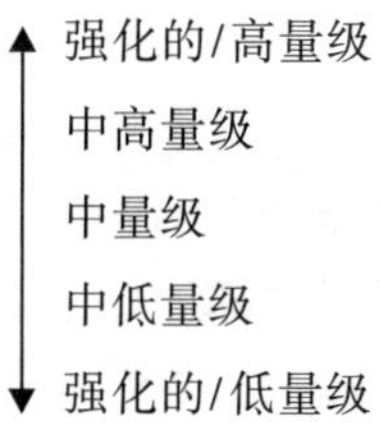

↑ 强化的/高量级
中高量级
中量级
中低量级
↓ 强化的/低量级

图 5.4　汉语可能性情态量级连续体

如图 5.4 所示，汉语可能性情态量级连续体包括强化的高量级、高量级、中高量级、中量级、中低量级、低量级、强化的低量级。

三、义务情态量级系统

义务情态表达说话人对提议的评估。下面我们结合三段对话来探讨义务情态量级系统,以下对话出自《杨澜访谈录》和《人民的名义》。

(21)李达康:我不管是谁抓的点,不管他资历有多老,脾气有多大,都<u>要</u>依法办事。今天当着高总的面,我把话搁这了,大风厂的厂房一个星期<u>必须</u>拆除,拆除不了我跟市委拆你们的乌纱帽,听见没有?

孙连城等:听见了。(《人民的名义》)

(22)同学:杨澜姐您好!我想问杨澜姐一个问题,呵呵,就是现在大学都流行一种说法,叫刷水分,那我想请问您,我们是<u>应该</u>为了我们将来的发展去选一些水课呢,还是<u>应该</u>就是冒着低分飘过的危险,去发展自己的兴趣研究一些问题呢?

杨澜:我理解一下这个水课就是说只要去上就很容易通过,拿高分的那种课?哦,看来这个学校的生态真的是很大的不同了。我想我能够给予你的一个真诚的意见就是说,你<u>应该</u>去选你自己真正热爱的课。(《杨澜访谈录》)

(23)侯亮平:那你找过丁义珍没有?你<u>可以</u>直接去找他的。

蔡成功:我找过呀,他不理我呀。(《人民的名义》)

在例(21)中,情态动词"要"和"必须"表明说话人施加较高程度的压力让听话人完成"依法办事、拆除厂房"的指令。在例(22)中,说话人用情态动词"应该"表明听话人完成指令"选你自己真正热爱的课"是合乎情理的。与"要"和"必须"相比,"应该"表达中等程度的压力。在例(23)中,说话人用情态动词"可以"表明给予听话人许可完成指令,说话人施加最低程度的压力让听话人做某事,即听话人可以决定完成或不完成指令。

由此可见,汉语义务情态系统也包括高、中、低三个基础量级。与可能性情态一样,汉语的义务情态也可以由多个情态成分体现。义务情态成分的连用旨在细化情态量级,在同一量级内部形成更多的等级,有助于说话人表精确地表达情态评价。例如:

(24)宗庆后:因为她在美国读的书,接受美国的教育,美国呢老板就是老板,员工就员工,我给你多少钱你给我干多少活,不行你走人就是。但我觉得中国还是文化跟他们不一样的,还是要以人为本的,你要真正把他内心积极性调动起来才行,因为中国人太聪明了,因为中国人也最难管的。

杨澜:怎么个难管法?

宗庆后:因为中国人他太聪明了嘛,所以你必须要以人为本,调动他内心的积极性才行。(《杨澜访谈录》)

(25)一个我素不相识也就谈不上有什么好感的老女人成了我的母亲。她把我的手当成她的手帕让我厌烦,可我只能让她擦。而且当以后任何时候她需要时,我都得恭恭敬敬地将自己的手送上去,却不得有半句怨言。我很清楚接下去我要干些什么。我应该掏出二十元钱去买一个大花圈,我还要披麻戴孝为他守灵,还得必须痛哭一场,还得捧着他的骨灰挽着他的母亲去街上兜圈子。而且当这些全都过去以后,每年清明我都得为他去扫墓。并且将继承他的未竟之业去充当孝子……(BCC,余华:《西北风呼啸的中午》)

(26)矮个子如临大敌地紧抱着枪,晃着刺刀;站在距离对方的三步以外,吆喝道:"把衣服脱开看看!"

"是崔家洼送树材来的!"宋杰说。

"我知道!打我檐前过,<u>就得要</u>低头!不管什么人,总是要查查的!"矮个子神气抖抖地说。(CCL,吴强:《红日》)

(27) 叶桑说:"我知道,我脑子是很清楚,而且越来越清楚。"

几分钟后,叶桑看见妈妈走到了书房里。她听见妈妈对爸爸说:"<u>你必须得同</u>叶桑好好谈谈,她有些不太正常。"(CCL,方方:《暗示》)

(28) "开放,好好照顾你妈妈,她没有错,是爸爸的错,我虽然离开了这个家,但我还会尽最大力量照顾你们。"

"蓝解放,你可以走,但你<u>千万要</u>记住,只要我活着,就不要来找我提离婚的事。"(BCC,莫言:《生死疲劳》)

(29) 凤举道:"为什么大家这样笑容满面?买了什么便宜东西回来了吗?"

道之笑道:"你是个长兄,这事<u>应该要</u>参点意见,你也来看看罢。"(BCC,张恨水:《金粉世家》)

(30) "快一点回去,也省得医院里看护受处罚,你是住医院,不是住旅馆,<u>应当要</u>受一点约束,不能任性!也不要让玖为难。"(BCC,沈从文:《冬的空间》)

在例(24)中,情态动词"要""必须"均表达高值义务情态,说话人首先用高值义务情态动词"要"表明"以人为本,调动员工内心的积极性"的必要性,然后说话人在回答杨澜的提问中连用两个情态动词"必须要"强调"以人为本,调动员工内心的积极性"的必要性。说话人通过情态动词的连用强化自身表达的高值义务情态评价。在例

(25)中,说话人用一连串的高值和中值义务情态动词"应该""要""得"表达自身有义务完成一系列事件,高值义务情态动词的连用"得必须"强化了对"痛哭一场"的义务评价。相较于其他事件,"痛苦一场"的义务性或必要性得到了强化。在例(26)~例(27)中,高值义务情态动词的连用"得要""必须得"也加强了说话人的高值义务情态评价。如果删去组合中的一个义务情态动词,说话人施加的义务强度被削弱。在例(28)中,高值义务情态副词"千万"与高值义务情态动词"要"的连用强化了说话人的高值义务评价。例(29)和例(30)中,情态动词"应该""应当"表达中值义务情态,"应该、应当"弱化了"要"的高值义务情态意义。与单用高值义务情态动词"要"相比,情态动词的连用"应该要""应当要"弱化了说话人的义务情态评价。"应当要""应该要"表达的情态评价处于高、中值之间,可视为中高量级。

汉语义务情态量级及实现方式如表5.6所示。

表5.6 汉语义务情态量级及实现方式

情态量级	情态实现方式		
	情态动词	情态动词+情态动词	情态动词+情态副词
强化的高量级	—	必须要、必须得、得要、须得	千万要、务必要
高量级	必须、要、得、须	—	—
中高量级	—	应该要、应当要	

（续上表）

情态量级	情态实现方式		
	情态动词	情态动词+ 情态动词	情态动词+ 情态副词
中量级	应该、应当	—	—
低量级	可以	—	—

由表5.6可知，义务情态在中量级和低量级之间，缺少中间量级，即中低量级。这是因为低量级义务情态表许可，与中、高量级情态存在显著差别。高、中量级义务情态均表达行动或事件的必要性，高、中量级义务情态动词可以连用来增强或削弱施加给听话人的义务强度；低量级义务情态表达行动或事件的可能性，即给予许可给听话人，听话人可以决定采取行动或者不采取行动。因此，表达行动或事件必要性的高、中量级情态动词不能与表许可的低量级情态动词连用。高、中量级与低量级义务情态之间有着泾渭分明的界限。汉语义务情态量级系统如图5.5所示。

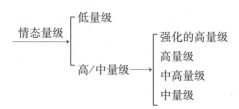

图5.5　汉语义务情态量级系统

四、意愿情态量级系统

意愿情态表达说话人在意愿程度上对提议的评估。下面我们结合三段对话来讨论汉语的意愿情态,以下对话出自剧本《人民的名义》和《杨澜访谈录》。

(31) 蔡成功:大家别激动大家别激动,我<u>要见</u>你们郑主席,那郑西坡在哪儿?

王文革:嚎叫啥?郑主席来了也救不了你,他是我们的工会主席,是工人持股会的股东代表,不是你奸商的走狗。(《人民的名义》)

(32) 季昌明:正在抢救。

王阿姨:<u>我想看看他去</u>,我进去看看他行吗?

季昌明:人家不让进,不让进。(《人民的名义》)

(33) 杨澜:你之所以<u>愿意</u>接受这样的一个有杂音有噪音的这样的现实,是因为——

王力宏:因为自己觉得作品值得牺牲。尤其如果我真的做了一个我非常非常觉得重要的,或者非常喜欢的比如一首歌一张专辑,或者拍一部电影,那来吧,你要攻击我也好,或者怎么样。我就是像它的爸爸一样,<u>愿意为这个孩子做任何事</u>。(《杨澜访谈录》)

在例(31)中,情态动词"要"表明说话人具有较高程度的主动、自发的决心或意愿"见郑主席"。在例(32)中,情态动词"想"表明说话人具有主动、自发的意愿"看看他去"。与"要"相比,"想"表达的意愿程度要低一些。在例(33)中,情态动词"愿意"表明说话人的意愿具有回应性,与表达主动、自发性意愿的"要"与"想"

相比,"愿意"表达的意愿程度更低一些。

由此可见,汉语意愿情态也存在高、中、低三个量级。同时,汉语的意愿情态也可以由多个情态成分体现。情态成分的连用旨在调节情态量级,细化说话人的情态评价。

(34) 我说:"我要杀的就是县长。"
抬起腿再去蹬,县长突然问我:"你是不是福贵?"
我说:"我今天非宰了你。"(余华:《活着》)
(35) "我也跟你去下一回井!"
少平慌忙说:"你不要下去!那里可不是女人去的地方!"
"听你这样一说,那我倒非要下去不行。"(BCC,路遥:《平凡的世界》)
(36) 七公表妹:你想怎么样啊?
洪七公:我想要娶你过门!(CCL,《东成西就》)
(37) 秘书:高书记,省委沙书记的电话接通了,情况我也汇报了,沙书记想要和您亲自通话。
高育良:达康书记、老季你们稍等片刻。瑞金同志,我是高育良,你今天应该在岩台市做考察调研吧?(《人民的名义》)

在例(34)中,通过情态副词"非",说话人表明较高的决心和意愿"宰了你",情态副词"非"是高量级意愿情态。在例(35)中,情态副词"非"和情态动词"要"均表达高量级意愿情态,通过两者的连用,说话人的高量值意愿情态得到强化。在例(36)和例(37)中,情态动词"想"和"要"分别表达中量级和高量级意愿情态,中量级意愿情态动词"想"弱化了高量级情态动词"要"的意愿情态意义,"想要"的语义介于高、中量级之间,可以视为中高量级。汉语意愿情态量值和实现方式如表5.7所示。

表5.7 汉语意愿情态量级及实现方式

情态量级	情态实现方式		
	情态动词	情态动词+情态动词	情态动词+情态副词
强化的高量级	—	—	一定要、偏要、非要
高量级	要	—	—
中高量级	—	想要	—
中量级	想	—	—
低量级	愿意、乐意、情愿、肯	—	—

由表5.7可知，意愿情态的高、中量级之间有中间量级，即中高量级；而中、低量级意愿情态之间缺少中间量级。这是因为高、中量级均表达自发性意愿，而低量级情态动词表达回应性意愿，两者之间有着显著差别和分明的界限，因此不可连用。汉语意愿情态量级系统如图5.6所示。

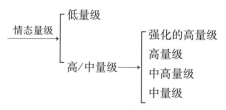

图5.6 汉语意愿情态量级系统

第四节　汉英情态量级系统对比

　　研究表明，英语和汉语的情态化和意态系统均具备量级。英语和汉语的情态化量级系统呈现相似性特征。汉语和英语可能性情态均可以由多个情态成分在一个小句中共同体现，情态成分在小句中的连用旨在细化情态量级，更准确地表达说话人的情态评价，汉英可能性情态量级形成一个由高到低的连续体，包括强化的高量级、高量级、中高量级、中量级、中低量级、低量级、强化的低量级。

　　英语和汉语的意态量级系统呈现差异性。英语意态系统的义务和意愿情态只能由单一成分体现，情态量级系统由高、中、低三个量级组成。汉语义务情态量级系统包括高、中量级子系统和低量级两个子系统，其中，高、中量级子系统再划分为强化的高量级、高量级、中高量级、中量级。汉语义务情态的高中量级和低量级存在泾渭分明的界限，不形成连续体：汉语高、中量级义务情态表明施加给听话人的义务强度，即行为的必要性；而低量级义务情态表许可，即行为的可能性，听话人可以决定采取或者不采取行动。

　　汉语意愿情态量级系统同样可以划分为高、中量级子系统和低量级子系统两个子系统，其中，高、中量级子系统可再划分为强化的高量级、高量级、中高量级、中量级四个量级。汉语意愿情态量值系统不形成连续体，原因在于高、中量级意愿情态与低量级意愿情态存在泾渭分明的界限：高、中量级意愿情态表自发性意愿，而低量级意愿情态表回应性意愿。

第六章　汉英情态实现系统对比研究

本章我们讨论英语和汉语的情态实现系统。第一节深入分析 Halliday 提出的情态取向系统，并提出重新构建的英语情态取向系统；第二节从系统功能语言学的角度对汉语情态实现系统进行描写；第三节对比英汉情态取向系统的相似性与差异性特征。

第一节　英语情态取向系统

一、Halliday（1994）和 Halliday & Matthiessen（2014）提出的英语情态取向系统

Halliday & Matthiessen（2014：692）认为，英语各类情态的实现方式由情态取向（orientation）系统决定。以可能性情态为例，情态取向系统区分主观（subjective）和客观（objective）情态，并区分显性（explicit）和隐性（implicit）表达。主、客观情态和显性、隐性表达结合形成四种情态取向：显性主观、显性客观、隐性主观、隐性客观，如图 6.1 所示。

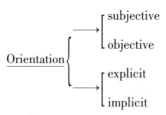

图 6.1　英语情态取向系统（Halliday & Matthiessen, 2014：692）

在英语中，可能性情态涉及四种情态取向：显性主观、显性客观、隐性主观和隐性客观。显性主观取向强调情态评价源自说话人自身，强调主观性，由一个认知型心理过程小句，如"I think…""I believe…"体现。认知型心理过程小句以第一人称代词充当主语，强调情态来源于说话人，突出说话人的主观评价。显性客观取向刻意隐藏情态评价的来源，把说话人的主观评价包装成事物的特征，由一个关系过程，如"it is possible…""it is likely…"体现。关系过程小句由第三人称代词 it 充当小句主语，第三人称代词作为载体（Carrier）被赋予了"possible""likely"的属性（attribute）。关系过程小句的运用掩盖了载体的属性，"probable""certain"实质上是说话人的可能性评价，也就是说，说话人的一个主观观点被包装成事件本身的特征，从而创造了客观性。处于这两个极端之间的是隐性主观和隐性客观取向。隐性主观取向由情态助动词，如"must""should""may"等实现；隐性客观取向由情态副词如"probably""certainly""possibly"等体现。

义务情态同样涉及四种情态取向：显性主观、显性客观、隐性主观和隐性客观。显性主观取向由第一人称代词充当主语的认知型心理过程小句体现，如"I want John to go"中的"I want"。认知型心理过程小句的使用突出了义务评价来源于说话人,强调了主观性。显性客观取向同样由一个关系过程体现,如"it's expected that John goes"。关系过程小句由第三人称代词"it"充当主语和载体,载体被赋予了"expected"的属性,说话人的义务评价同样被包装成为事件的一个特征,隐藏了义务来源,创造了客观性。隐性主观取向由情态助动词,如"must""should""may"体现;隐性客观取向由动词被动形式构成的谓语扩展,如"be required to""be supposed to""be allowed to"实现。隐性主观和隐性客观取向如下所示:

（high）They must accept.　　They are required to accept.
（median）They should accept.　They are obliged to accept.
（low）They may accept.　　　They are allowed to accept.

（Halliday,1994:287）

意愿情态涉及两种情态取向:隐性主观和隐性客观。隐性主观取向由情态助动词,如"will"体现;隐性客观取向由形容词构成的谓语扩展,如"be keen to""be anxious to""be willing to"体现。

能力情态涉及三种情态取向:隐性主观取向由情态助动词"can"体现,隐性客观取向由形容词构成的谓语扩展"be able to"体现,显性客观取向由"it is possible（for...）to"体现,"it is possible（for...）to"通常指潜力（Halliday & Matthiessen,2014:696）。

英语各类情态取向及实现方式如表6.1所示:

表 6.1 英语各类情态取向及实现方式

（Halliday & Matthiessen, 2014: 693）

	subjective: explicit ↘ projecting mental clause as mood Adjunct	subjective: implicit ↘ modal operator as Finite	objective: implicit ↘ [1] modalization: modal adverb as mood Adjunct; [2] modulation: modal verb as passive/adjectival verbal group in verbal group complex as Predicator	objective: explicit relational clause with modal complement/Attribute
modalization: probability	*I think* Mary knows. [*In my opinion* Mary knows]	Mary*'ll* know.	Mary *probably* knows. [*in all probability*] [Mary is *likely to*]	*It's likely* that Mary knows.
modalization: usuality	—	Fred*'ll* sit quite quiet.	Mary *usually* sits quite quiet.	*It's usual* for Fred to sit quite quiet.
modulation: obligation	*I want* John to go.	John *should* go.	John *is supposed to* go.	*It's expected* that John goes.
modulation: inclination	—	Jane*'ll* help.	John*'s keen* to help.	—

Thompson（2004: 70）指出，英语情态取向系统实质上

形成一个连续体（cline）：显性主观和显性客观取向以小句的形式体现，隐性主观和隐性客观取向以情态动词、副词等小句成分形式体现，而由介词短语体现的情态实现方式，如"in my opinion""in all probability"，位于显性主、客观取向与隐性主、客观取向的中间。

二、英语情态取向系统再思考：主观取向与客观取向的双重定义

Halliday（1994：357－358），Halliday & Matthiessen（2014：692）以主观与客观、显性与隐性这两对变量区分了英语各类情态的不同实现方式。如表6.1所示，认知型心理过程小句，如"I believe…""I want…"体现显性主观取向；关系过程小句，如"it is necessary…""it is expected…"体现显性客观取向；情态助动词，如"must""should""may"表达隐性主观取向；情态副词，如"certainly""possibly""probably"以及由动词被动形式和形容词构成的谓语扩展如"be allowed to""be keen to""be able to"均表达隐性客观取向。

Halliday（1994：362）认为，主观和客观取向意义的差别可以由附加问句体现。例如：

（1）He couldn't have meant that, <u>could he</u>? （Halliday，1994：362）

（2）<u>Surely</u> he didn't mean that, did he?（Halliday，1994：362）

例（1）情态助动词"could"可以出现在附加问句中，说话人希望听话人证实他的可能性评价："我认为是不可能

的,你同意我的观点吗?"说话人旨在与听话人就情态评价交换观点。例(2)情态副词"surely"不出现在附加问句中,说话人只希望听话人提供答案:"我认为是不可能的,确实是这样吗?"说话人不与听话人就情态评价交换观点,说话人的主观评价被客观化。

由此可见,Halliday认为情态助动词表达主观取向的依据在于情态助动词可以出现在附加问句中,说话人旨在与听话人就情态评价展开协商;情态副词表达客观取向的依据在于情态副词不出现在附加问句中,说话人不希望与听话人就情态评价展开协商,说话人的主观评价被客观化。

Halliday(1994:362),Halliday & Matthiessen(2014:698)同时也指出,认知型心理过程小句如"I believe"表达显性主观取向,原因在于其强调情态源自说话人,明确表明情态是说话人自身表达的观点;关系过程小句如"it is probable"表达显性客观取向,原因在于其隐藏情态来源,把说话人的主观观点包装成事件的特征。值得注意的是,如果我们以说话人的情态评价能否出现在附加问句中,说话人的情态评价能否被听话人质疑来看认知型心理过程小句,认知型心理过程小句表达客观评价,因为认知型心理过程小句表达的情态评价不能出现在附加问句中,说话人不能让听话人证实她的情态评价,交际双方不能针对情态评价展开争辩。例如:

(3) I think it's going to rain, isn't it?(Halliday,1994:354)

Halliday(1994:354)认为,例(3)是句子"it's *probably* going to rain, isn't it?"的变体。认知型心理过程小句

"I think"只充当情态附加语，表达说话人的情态评价，因而不能出现在附加问句中。虽然认知型心理过程小句"I think"不出现在附加问句中，说话人的主观情态评价不能被听话人证实或质疑，它仍然表达说话人的主观情态评价，表达显性主观取向，强调主观性。

由上可知，Halliday对情态取向系统的主观情态和客观情态进行定义时，实质上沿用了两个标准。对显性主观和显性客观取向的区分以说话人在多大程度上公开为情态评价承担责任为标准；强调情态源自说话人，由说话人自身主观观点的认知型心理过程小句表达主观情态；隐藏情态来源为说话人，由把情态评价包装成为事件本身特征的关系过程小句表达客观情态。而对隐性主观与隐性客观取向的区分以在人际协商中，说话人的情态评价能否出现在附加问句中，说话人是否旨在与听话人就情态评价展开协商与争辩为标准。如果说话人的情态评价能够出现在附加问句中，说话人希望听话人证实她的情态评价，交际双方就情态评价交换观点，说话人的情态评价即具备主观性特征；如果说话人的情态评价不能出现在附加问句中，表明说话人不想与听话人就情态评价进行协商，情态评价具备客观性特征。

我们认为，对主观和客观情态的区分应该采用统一的标准，否则就会引起混乱。如上所述，如果以第一种标准（说话人在多大程度上公开为情态评价承担责任）来看，认知型心理过程小句可以被认为表达主观情态；而如果以第二种标准（在人际协商中，说话人的情态评价能否出现在附加问句中，说话人是否旨在与听话人就情态评价展开协商与争辩）来看，认知型心理过程小句可以视为表达客观情态。实质上，在情态取向系统中，主观和客观取向的区分应以说话人在多大程度上为情态评价承担责任为标准。Thompson

(2004:70)直接把情态取向系统以"情态责任"(modal responsibility)命名,并指出情态取向指的是说话人在多大程度上公开为自己表达的情态评价承担责任。Nuyts(2016:45)认为,主观情态评价(subjective modal evaluation)表明说话人为情态评价承担责任。

实质上,在系统功能语言学派内部,Halliday 对情态取向系统的划分也引起学者们的质疑,特别是其隐性主观和隐性客观取向的划分。Butler(2003:493)认为,隐性主观取向和隐性客观取向之间的差别远没有显性主观取向和显性客观取向表现得那么明显。他(Butler,2003:495)还指出,Halliday 对隐性主观和隐性客观取向的区分没有考虑到情态助动词和情态副词在句中的连用情况。如果按照 Halliday 的区分,助动词和情态副词的连用(如"certainly must")将同时表达说话人的隐性主观和客观评价。Caffarel(2006:148)认为,在法语中,说话人的隐性情态评价均是主观的,法语情态助动词和副词均表达隐性主观评价。

三、重新构建的英语情态取向系统

我们认为,在情态取向系统中,主观和客观情态取向的区分应该采用统一的标准。首先,我们以说话人在多大程度上为自己的情态评价承担责任来区分主观和客观情态取向。

就可能性情态而言,说话人明确表明自己是情态来源,使用强调情态评价是自身主观观点的认知型心理过程小句(如"I think"),则表达显性主观取向;说话人故意隐藏情态来源,把自身主观观点包装成为事件的一个特征的关系过程小句(如"it is probable"),则表达显性客观取向。可能性情态助动词(如"must""should""may")虽然没有如认知型心理过程小句一样明确表明、强调情态来源是说话人，但是仍然表达说话人对命题可能性的主观评价，表达隐性主观取向。同样，可能性情态副词（如"certainly""surely"）虽然没有明确说明情态来源是说话人，但明显表达说话人对命题的主观情态评价，或者"说话人的自信"（Palmer，2001：35），也同样表达隐性主观取向。值得一提的是，在英语中，情态副词和助动词连用的情况很普遍（Hoye，1997），如果采用Halliday的主、客观取向区分，则助动词和情态副词的连用同时表达说话人的主观和客观评价。

从义务情态来看，说话人明确表明自己是义务来源，强调义务是自身施加给听话人的认知型心理过程小句（如"I want that…"），表达显性主观取向；说话人刻意隐藏义务来源，把说话人施加给听话人的义务包装成为事件本身特征的关系过程小句（"it's expected …""it is essential…"），表达显性客观取向。情态助动词如"must""should""may"虽然没有如认知型心理过程小句一样强调说话人自身是义务来源，但表达说话人施加给听话人的不同程度的义务，表达隐性主观取向。由动词被动形式构成的谓语扩展如"be supposed to""be allowed to""be required to"隐藏义务来源，说话人不为情态评价承担责任，表达隐性客观取向。Thompson（2004：71）认为，当说话人使用"be supposed to"而不是情态助动词时，给人的感觉是义务评价并非直接来自说话人。

Palmer（2001：75）也认为，当说话人不为情态评价负责任时，用"be supposed to"而不是"should"或者"ought to"。试比较下面两个例子：

（4）You should go to London tomorrow.（Palmer，2001：75）

(5) You are supposed to go to London tomorrow. (Palmer, 2001: 75)

在例(4)中,情态助动词"should"表明说话人施加的义务;在例(5)中,"be supposed to"表明说话人不为义务情态评价承担责任。

就意愿情态而言,助动词(如"will")和由形容词构成的谓语扩展(如"be keen to""be anxious to""be willing to")表明说话人在多大程度上愿意提供某种商品或服务,具备主观性特征,表达隐性主观取向。能力情态可以视为最低程度的意愿,能力情态助动词"can"和由形容词构成的谓语扩展如"be able to"同样表达说话人对能力的评价,表达隐性主观取向。在由形容词构成的谓语扩展中,情态评价被描述成说话人自身的心理活动或所具有的特征,具备主观性。

如果以说话人在多大程度上为情态评价承担责任来定义主观和客观情态,英语情态取向系统如表 6.2 所示。

表6.2 英语情态取向及实现方式

	subjective: explicit ↘ Projecting mental clause as mood Adjunct	subjective: implicit ↘ modal operator as Finite modal adverb as Adjunct adjectival verbal group as Predicator	objective: implicit ↘ modulation: modal verb as passive in verbal group complex as Predicator	objective: explicit ↘ relational clause with modal Complement/ Attribute

(续上表)

modalization: probability	*I think* Mary knows.	Mary'*ll* know. Mary *probably* knows.		It's *likely* that Mary knows.
modalization: usuality		Fred'*ll* sit quite quiet. Mary *usually* sits quite quiet.		It's *usual* for Fred to sit quite quiet.
modulation: obligation	*I want* John to go.	John *should* go.	John *is supposed to* go.	It's *expected* that John goes.
modulation: inclination		Jane'*ll* help. John'*s keen* to help.		
modulation: ability		Jane *can* help. John's *able* to help.		

由表6.2可知,从主观和客观情态取向来看,可能性情态助动词和情态副词,意愿和能力情态助动词和由形容词构成的谓语扩展均表达说话人的主观情态评价,表达隐性主观评价。然而,情态助动词所表达的主观情态意义和情态副词以及谓语扩展所表达的主观情态意义仍然有所差别。这种差别即是主观情态意义的可协商性和不可协商性。

情态助动词充当小句的限定成分,在言语交际中负责对命题进行限定,使得命题成为交际双方可争议、协商的内容。限定成分和主语构成小句的语气成分,是人际协商的焦点与核心。当说话人采用情态助动词表达情态评价时,听话人可以质疑说话人的义务评价,交际双方可以针对说话人的情态评价展开争辩，交际双方对情态的协商和争辩推进话语交际。正如 Thompson（2004：71）所说，"情态助动词作为限定成分，根植于小句所表达的人际、主观意义中"。情态助动词所表达的情态意义在交际中具备可协商性。如例（6）～例（9）所示：

（6）John should go.（Halliday & Matthiessen, 2014：693）

  Oh, should he?
  Yes, he should.
  No, he shouldn't.

（7）He couldn't have meant that, could he?（Halliday, 1994：362）

  Yes, he could.
  No, he couldn't.

（8）Jane will help.（Halliday & Matthiessen, 2014：693）

  Will she?
  Yes, she will.
  No, she won't.

（9）She can keep the whole audience enthralled.（Halliday, 1994：359）

  Can she?
  Yes, she can.
  No, she can't.

例（6）中的义务情态助动词"should"、例（7）中的可能性情态助动词"could"、例（8）中的意愿情态助动词

"will",以及例(9)中的能力情态助动词"can"均充当限定成分,这些情态助动词和主语形成小句协商与交际的核心。说话人表达的可能性、义务、意愿和能力评价成为交际双方所争议与协商的焦点。

情态副词是小句的附加语成分,表达说话人对命题可能性的主观评价。虽然由情态副词体现的附加语成分属于小句的语气成分,但是在言语交际中,作为附加语成分的情态副词所表达的情态评价不能成为交际双方争议、协商的焦点,听话人不能质疑说话人表达的情态评价,交际双方不能针对情态副词所表达的情态评价展开协商与争辩,情态副词所表达的情态评价不具备可协商性。例如:

(10) Mary *probably* knows. (Halliday & Matthiessen, 2014:693)

  Does she?
  Yes, she does.
  No, she doesn't

在例(10)中,说话人通过情态副词"probably"表达的可能性情态评价不能成为交际双方争议的焦点,交际双方不能针对情态评价展开争辩与协商,交际双方争议和协商的是时态(primary tense)和极性(polarity)。

此外,由形容词和动词被动形式构成的谓语扩展表达的情态意义同样不具备可协商性。由形容词构成的谓语扩展可以体现意愿和能力情态,包括"be determined""be keen""be willing""be able to"等;由动词被动形式构成的谓语扩展可以表达义务情态,包括"be supposed to""be allowed to""be required to"等。在谓语扩展中,由 be 动词体现的时态充当小句的限定成分，并和主语成为人际协商的焦点，交际双方协商与争辩的焦点是时态和极性。表达意愿和能力情态的形容词和表达义务情态的动词被动形式成为小句的剩余成分（residue），不能成为交际双方协商的焦点，在一连串的交际中被省略。当说话人用形容词和动词被动形式构成的谓语扩展表达意愿、能力和义务评价时，听话人不能质疑说话人的情态评价，交际双方不能就说话人表达的意愿、能力、义务评价展开争辩和协商，由谓语扩展表达的评价不具备可协商性。如例（11）～例（13）所示：

（11）Jane is keen to help.（Halliday & Matthiessen, 2014：693）

　　Is she?
　　Yes, she is.
　　No, she isn't.

（12）Mrs Thatcher is able to manage her departure from office.（BNC）

　　Is she?
　　Yes, she is.
　　No, she isn't.

（13）John's supposed to go.（Halliday & Matthiessen, 2014：693）

　　Is he?
　　Yes, he is.
　　No, he isn't.

在以上例句中，交际双方争议与协商的焦点是时态与极性，而非说话人的意愿、能力、义务评价。形容词和动词被动形式在交际中被省略,说话人通过谓语扩展表达的情态评价意义不具备可协商性。

综上所述,英语情态具备主、客观取向,同时隐性主观取向可再细分为可协商性主观取向和不可协商性主观取向。英语各类情态的取向与实现方式如表 6.3 所示。

表 6.3　重新构建的英语各类情态的取向及其实现方式

	subjective: explicit ↘ projecting mental clause as mood Adjunct	subjective: implicit: negotiable ↘ modal operator as Finite	subjective: implicit: non-negotiable ↘ [1] modal adverb as Adjunct; [2] adjectival verbal group as Predicator	objective: implicit ↘ modulation: modalverb as passive in verbal group complex as Predicator	objective: explicit ↘ relational clause with modal Complement/Attribute
modalization: probability	*I think* Mary knows.	Mary'*ll* know.	Mary *probably* knows.		*It's likely* that Mary knows.
modalization: usuality		Fred'*ll* sit quite quiet.	Mary *usually* sits quite quiet.		*It's usual* for Fred to sit quite quiet.
modulation: obligation	*I want* John to go.	John *should* go.		John *is supposed to* go.	*It's expected* that John goes.

103

(续上表)

modulation: inclination		Jane'*ll* help.	John's *keen* to help.		
modulation: ability		Jane *can* help.	John's *able* to help.		

重新构建的英语情态取向系统（以可能性和义务情态为例）如图6.2所示。

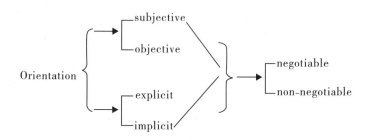

图6.2 重新构建的英语情态取向系统

第二节 汉语情态实现系统

如第二章所述，以往的汉语情态研究对助动词的关注较多（如 Tsang，1981；马庆株，1988；汤延池，2000；谢佳玲，2002；鲁晓琨，2004；彭利贞，2007），对插入语等其他情态表达形式的系统研究较少。温锁林（2001）也指出，以往的情态研究范围太狭窄，现代汉语的情态表达除了情态动词和语气副词外，还有独立语、插入语、提示语和特殊句式等。我们认为，从情态实现系统的角度对情态的实现形式进行系统、整体的描写和阐释很有必要。

在以往以系统功能语言学为理论框架对汉语进行描写的研究中，学者们较少关注情态实现系统。Halliday & McDonald（2004）和 Li（2007）都只对汉语情态类型以及情态量值系统进行了探讨，没有涉及汉语情态实现系统。Li（2007）探讨了由情态动词、情态副词以及语气词体现的各类情态，没有建立汉语情态实现系统。

实质上，汉语的各类情态意义在小句中可以通过多种方式体现。首先我们来看两段对话：

（14）高育良：王老，您先安静，您放心，这件事我们<u>一定会彻查到底的</u>。

王阿姨：我们海子<u>肯定是被人暗害的</u>，肯定的。

高育良：我看谁这么大胆子，祁同伟，马上成立专案组，这件事情<u>一定要彻查清楚</u>。

祁同伟：育良书记，您放心，市里边已经成立了专案组。

高育良：他们动作很快嘛，但是我告诉你，所有调查材料，你都要亲自过目。

祁同伟：<u>会的</u>，我会跟季检察长还有陈老认真地审查。

王阿姨：<u>我想进去看看</u>，我想看看我的孩子。（《人民的名义》）

（15）杨澜：那你怎么看待，其他的一些企业家，他们可以有非常时尚的生活，买这个跑车啊，买这个游艇啊，然后像王石这样的，也有更多的时间，去登登珠穆朗玛峰啊，去驾驾帆船啊，去国外游学一下啊，<u>我觉得好像他们的生活，比您过得滋润</u>，您怎么看？

宗庆后：我想这个人兴趣不同吧，是吧，反正我就干活干惯了。

杨澜：现在如果不让您干活，您会怎么样？

宗庆后：这不可能不让我干活，我能够自己决定自己干活不干活，呵呵。

杨澜：所以您决定，就是干活，干活，再干活。

宗庆后：我感觉我不干活，反而更加无聊，平时也没什么业余爱好。

杨澜：也不打高尔夫？

宗庆后：我不会打高尔夫，也没去打高尔夫。但是呢，我的工作成功了，我感觉很快乐，这也是我的乐趣。如果你不让我干活了，我感觉可能是麻烦。我们公司到现在是第26年了，我想在我的手里是创业创出了这么大个公司，现在我们希望基业常青，追求卓越。应该说中国的百年老店比较少，我想中国人也能办成百年老店，所以我要把它第三次创业，把这个技术搞扎实。但是，我是活不到我这个百年老店，百年还有七十五年呢。(《杨澜访谈录》)

例（14）的对话涉及《人民的名义》剧本中三个人物：高育良、王阿姨和祁同伟。在这一段对话中，说话人高育良通过高量级意愿情态副词与情态动词的连用"一定会"表达自身做某事的决心和强烈意愿；通过高量级义务情态动词"要"、高量级义务情态动词与情态副词的连用"一定要"表达施加给听话人祁同伟较高程度的义务。听话人王阿姨通过高量级可能性情态副词"肯定"表达对命题的肯定性评价，通过中量级意愿情态动词"想"表达自身的意愿。听话人祁同伟通过高量级义愿情态动词"会"表达自身完成指令的意愿。在这段对话中，交际双方的情态评价通过情态动

第六章　汉英情态实现系统对比研究

词、情态副词、情态动词与情态副词的连用得以体现。这些情态动词和情态副词均表达说话人对命题或提议的主观评价。

例（15）的对话选自《杨澜访谈录》，涉及主持人和嘉宾两个人物。在这段对话中，说话人杨澜通过以第一人称代词为主语的认知型心理过程小句"我觉得"表明命题"他们的生活，比您过得滋润"只是自身的一个主观观点，明确表明情态评价来源于说话人，强调主观性。听话人宗庆后也通过以第一人称代词为主语的认知型心理过程小句"我感觉""我想"或者认知型心理过程小句与情态副词的连用来表达情态评价，强调情态评价是自身的主观观点，强调主观性。听话人宗庆后同时还使用无人称的言语过程小句"应该说"来表达对命题"中国的百年老店比较少"的评价。命题"中国的百年老店比较少"是说话人的负面评价，无人称言语过程小句"应该说"的使用掩盖了负面情态评价源自听话人这一事实，隐藏了情态来源，创造了客观性。

从以上对话可知，在汉语中，说话人的情态评价既可以第一人称代词为主语的认知型心理过程小句体现以强调主观性，强调命题是说话人的一个主观观点；也可以通过无人称的言语过程体现以创造客观性，刻意隐藏情态来源。说话人的情态评价还可以通过情态动词、情态副词，或者两者的连用等小句成分体现，情态动词、情态副词均表达说话人对命题或提议的主观评价。由此，我们认为，汉语情态意义的实现同样由情态取向系统体现。以可能性情态为例，情态取向系统区分显性主观、显性客观、隐性主观三种基本情态取向，主观和客观取向的区分以说话人在多大程度上为情态评价承担责任来定义。显性主观取向强调主观性，强调情态评价源自说话人，由认知型心理过程小句体现；显性客观取向淡化主观性，刻意隐藏情态来源，通常由无人称心理/言语过程小句体现；隐性主观取向界于显性主观和显性客观取向之间，表达说话人的主观情态评价，通常由情态动词、情态副词等小句成分体现。下面我们详细探讨各类情态的取向系统以及实现形式。

一、情态化（可能性情态）取向系统

情态化指对命题可能性的评价，包括可能性情态。由例（14）、例（15）两段对话的分析可知，汉语情态化有显性主观、显性客观、隐性主观三种基本情态取向。

显性主观取向又可分为说话人直接参与型与说话人间接参与型两大类。说话人直接参与型显性主观取向由第一人称代词为主语的认知型心理过程小句体现。这类认知型心理过程小句由第一人称代词和表达认知型心理过程的动词词组组成，例如，"我认为""我想""我觉得""我估计""我看""我猜想""我推测"等。在这类小句中，说话人充当小句的主语成分，主语是为命题信息效度负责任的成分，说话人作为小句主语，明确无误地标明了情态来源，突出了命题是说话人的一个主观观点，强调了命题的主观性。这类认知型心理过程小句在传统语法研究中通常被视为"独立语"（黄伯荣、廖序东，2017）、"独立成分"（胡裕树，1995；邵敬敏，2016），"表达对某一问题的意见或看法"（胡裕树，1995：347），"表明自己的意见、看法和态度"（邵敬敏，2016：33）。陈颖（2009）把"我看""我觉得、我想"视为"话语标记"，认为这类话语标记体现信息来源，是传信语，列入"传信范畴"（evidentiality）。在以往的情态研究（如彭利贞，2007；徐晶凝，2008；范伟，2017）中，这类认知型心理过程小句未被列入情态范畴。实质上，以第一人称代词为主语的认知型心理过程小句的主要功能是说明情态来源是说话人,突出命题是说话人的主观观点,表达说话人直接参与型显性主观取向。曾立英(2005)、陈振宇和朴珉秀(2006)也指出,"我看"是表达说话人主观态度的"话语标记",属于情态范畴。如下例所示:

(16)姗姗:小姨,我多鼓励鼓励我小姨父,你不就能衣来伸手饭来张口了。

钟小艾:<u>我看这辈子我是指望不上了</u>。(《人民的名义》)

(17)杨澜:好,谢谢,徐院士,您觉得,我们老说争创世界一流大学,咱们做到了吗?

徐匡迪:现在还没有做到。现在办大学就是造大楼,就多招生,我本人对这个不敢苟同,就是清华的原来的校长他曾经讲过一句话,大学非大楼之谓也,乃大师授学之谓也。所以<u>我认为一流的学校就要有一流的教师</u>,中国现在的问题是大学教育的问题。(《杨澜访谈录》)

(18)记者:李书记请回答,你是如何看待拆出一个新中国?

李达康:<u>我倒觉得拆除一个旧中国,没什么不好吧</u>?不拆掉一个旧中国,怎么能建设一个新中国呀,不过<u>我认为有些人在这个问题上不够公道,不够厚道</u>,他们一方面享受着国家高速发展带来的实惠和方便,另一方面对我们国家的建设成果视而不见,指手画脚,甚至是造谣诽谤。(《人民的名义》)

(19)陈岩石:不行,你赶紧给我个喇叭,我去劝劝他们啊。

李达康:陈老,陈老,现在情况非常紧张,<u>我估计您也</u>

劝不了他们。(《人民的名义》)

(20) 陈海：我说猴子，我觉得这事还真没你想的那么简单，我感觉这是一个窝案，咱可能揪出一窝贪官来。

侯亮平：说得对，华华，这么写吧，陈海欠侯亮平贪官一窝。(《人民的名义》)

(21) 秦局长：喝水，亮平啊，陈海确实是车祸呀。

侯亮平：可这车祸太离奇了吧，我觉得是有人暗算他。(《人民的名义》)

(22) 侯亮平：如果你举报的是事实，那么我问你，你既然每次贷款都按照点数行贿，那为什么这次欧阳菁忽然给你断贷，这不合理。

蔡成功：我要说的就是这个呀，我推测这欧阳菁一定是有了大于我这五十万好处费的利益，甚至于这个好处费惊人，她才会断我的贷。

侯亮平：你不要推测，不要推测，你说事实。(《人民的名义》)

在以上例句中，说话人通过认知型心理过程小句"我看""我认为""我估计""我觉得""我感觉""我推测"表达对命题的可能性评价。在这些认知型心理过程小句中，说话人是小句主语，是为命题信息效度负责任的成分。以说话人为主语的认知型心理过程小句突出情态评价源自说话人。

说话人间接参与型显性主观情态取向由"依/照/据/在我看来/想来""依/照/据/在我估计/推测""依/照/据我推想"等结构来实现。在这类认知型心理过程小句中，说话人"我"属于内嵌的介词短语的补语成分，介词短语修饰动词词组"看来"，说话人隐藏在介词短语之内，只充当小句的

"间接参与者"（indirect participant）成分。当情态来源是小句的间接参与者而非小句主语时，小句所表达的显性主观情态意义比以第一人称代词为主语的认知型心理过程小句弱。这类结构和第一人称代词充当主语的认知型心理过程小句一样不表达任何经验意义，主要功能是标明情态来源，强调主观性。

对于这类结构的语法地位，汉语界学者意见不一。Li (2007：32-33) 认为，"依/照……来说/看来"以及类似结构是介词短语，其中"依""照"是介词，"来说""看来"是后置修饰语。陈昌来（2002：159-160）认为，"依……看来/想来""照……看"这类结构是介词框架，由介词和介引的对象组合成介词短语后再附着准助词，"依……"是介词短语，"看来/想来"是准助词。我们认为，从功能语言学的角度来看，"照我看来""依我想来""在我估计""据我推想"等结构可视为认知型心理过程小句。这类结构实质上是由介词短语"依我""照我""在我""据我"和动词词组"看来""想来""估计""推测"等组成，其中，介词短语是前置修饰语，用来修饰动词词组。介词短语"照我""依我""在我"可以省略，省略后，动词词组"看来""想来""推测起来""估计"仍然可以单独成立作为情态实现方式，表达说话人的情态评价。例如：

（23）赵德汉：我说你们怀疑我，到底有啥根据？有权力就可以腐败啊？跟你们说实话，我在的这个位置，嫉妒我的人呐很多，想看我出洋相的人，那也很正常……

侯亮平：赵处长啊，<u>依我看呢</u>，这谁都出不了你洋相，但凡出洋相的，全是自找的，我们今天为了不让你孩子看到你出洋相，在你楼下等了两个多小时呢。(《人民的名义》)

(24) 沙瑞金：我们汉东是具有光荣革命传统的地方，从第一次国内革命战争到抗日战争，再到解放战争，这片土地是浸染了无数革命烈士鲜血的。改革开放以后，我们汉东也和全国其他省区一样，经济上突发猛进，城乡面貌日新月异，<u>依我看来</u>，<u>现在的汉东比上海、北京、广州这些大城市也差不了多少</u>，应该说取得了很大的成就。（《人民的名义》）

(25) 杨澜：可是，我觉得每个有钱人都这么说，但是当你真的是第一天上市，取得这样高的一个增长的时候，你的内心的真实的感受是什么？有没有一种狂喜在里边？

李彦宏：很兴奋，很激动，但是呢，不能用狂喜来形容，因为对我来说呢，可能在很多外界尤其是媒体的这种报道啊，就讲这是一夜暴富，<u>在我看来</u>，根本就不是这个样子，这是百度经过了五年半的这种痛苦的成长过程，才走到这一天的。(《杨澜访谈录》)

在例（23）～例（25）中，说话人通过认知型心理过程小句"依我看呢""依我看来""在我看来"表达对命题的显性主观评价，强调情态来源是说话人。然而，在这两个认知型情态过程小句中，情态来源即说话人只充当小句的间接参与者而非主语，所表达的显性主观情态意义比说话人充当小句主语的认知型心理过程小句要弱一些。

除了显性主观情态评价之外，说话人还可以刻意隐藏情态来源，从而创造客观性，表达显性客观评价。说话人的显性客观评价可以由无人称的认知型心理过程小句体现，例如，"这样看来""看起来""推测起来""这样想来"。这类无人称认知型心理过程小句在传统语法研究中通常被视为独立语或插入语（黄伯荣、廖序东，2017）。胡裕树（1995：

346）和邵敬敏（2016：33）认为，这类结构是句子的独立成分，表达对情况的推测和估计。陈颖（2009：213）指出，"由此看来"等类似结构是插入语，表达有据可循的推测。从功能语言学的角度来看，这类结构可以视为无人称的心理过程小句，因为这类结构以动词词组为中心，可伴随前置修饰语"现在""这样""如此"等，如"这样看来/看起来/想来""现在看来/看起来/想来""如此看来/想来"等，并且不充当其他小句的某一个成分。这类无人称认知型心理过程小句其实并不表达任何概念意义，只表达说话人对命题的可能性情态评价。这些小句的使用旨在掩盖情态来源，说话人的一个主观观点被包装成基于一定的事实或根据而得出的推论，从而创造了客观性。例如：

（26）高育良：就是京州，就是现在，光明峰拆迁区，同伟，<u>现在看来</u>，这个光明峰下并不光明，这李达康是怎么搞的？

祁同伟：育良书记，您别着急，我现在就去见达康书记。(《人民的名义》)

（27）既然刘去盗墓时发现魏襄的随葬品没有什么，怎么还会有大批的竹简留存墓中？<u>推测起来</u>，要么《西京杂记》记载有误，要么是《晋书》记载不实。(CCL，倪方六：《中国人盗墓史》)

（28）时隔多年，在那儿白看过的都是些什么，早已模糊了，后来一直记得的只有一本《四十自述》。<u>现在推想起来</u>，那该是第五版的印本。(CCL，《读书》第150期)

（29）十几位著名的地方绅士也发出吁请张军长早日入城"主持省政"的通电，领衔的人便是冯乐山。

"又是他，"觉慧冷笑道。

"这样看来大概没有事情了,"觉新欣慰地说。(CCL,巴金:《家》)

(30)"到底也没查出谁泄漏了会议秘密?""历史有时是一笔糊涂账!"

"你们不是认为他极有可能吗?"江海伸出了两个指头。"<u>现在看起来</u>,被他骗了,他妈的挖坟,把大伙搞糊涂了。那家伙太会演戏,我们也年轻幼稚。(CCL,李国文:《冬天里的春天》)

(31)他们说,中国市场那么大,为啥名牌全是洋货?<u>看起来</u>,今后的市场,除了质量战,就是名牌战,名牌不仅增大商品附加值,而且可以打开销路。(CCL,《1994年报刊精选》)

在例(26)~例(32)中,说话人用无人称心理过程小句"现在看来""推测起来""这样看来"等表达对命题的可能性评价。这类无人称小句的使用掩盖了命题其实只是说话人的一个主观观点,并表明情态评价是基于已知的信息或事实,增添了客观性。

无人称认知型心理过程小句前面可加上介词短语"依/据/在/照我……",表明情态评价来源于说话人,说话人公开为自己的情态评价承担责任,表达显性主观评价。例如:

(26a)高育良:就是京州,就是现在,光明峰拆迁区,同伟,<u>依我看来</u>,这个光明峰下并不光明,这李达康是怎么搞的?

祁同伟:育良书记,您别着急,我现在就去见达康书记。(《人民的名义》)

在例（26）中，无人称认知型心理过程小句"现在看来"的使用隐藏了情态来源，掩盖了命题"这个光明峰下并不光明"只是说话人的一个主观观点的事实。在例（26a）中，认知型心理过程小句"依我看来"的使用，表明命题"这个光明峰下并不光明"是说话人的一个观点，强调了主观性。

说话人还可以通过无人称言语过程小句表达对命题的显性客观评价，如"应该肯定地说""应当肯定/公平地说""可以肯定/明确地说"。无人称言语过程小句由情态动词"应该""应当""可以"和动词词组"说"组成。这类无人称言语过程小句在传统语法研究中通常被视为插入语（胡裕树，1995）。从功能语言学的角度来看，"应该肯定地说""应当肯定/公平地说""可以肯定/明确地说"等类似结构可以视为一个小句，因为这类结构由动词词组和前置修饰语构成，并且不充当其他小句的某一个成分。这类无人称言语过程小句不表达任何概念意义，只表达对命题的可能性评价。这类小句的使用掩盖了情态评价来源，说话人的一个主观观点被包装成为一个客观的、依据情理或其他事实而得出的陈述，从而创造了客观性，例（32）～例（36）所示。

（32）杨澜：但是您知道有时候，创新特别是年轻人创新吧，就有点难。一个是，有一些老一辈人会说，你们就是年轻人异想天开，不安分守己，是吧？您年轻的时候，有没有因为想创新而遇到了一些阻碍，甚至带来了一些麻烦？

徐匡迪：这倒还真想不起来，因为我年轻的时候，不允许我们创新。<u>可以说</u>，整个社会是不让你自由去想，或者不让你自由去争取发展。（《杨澜访谈录》）

（33）钟南山认为，这一次与上次SARS暴发有很大不同。应该说，17年前，我们的有关部门是有隐瞒的。这一次从中央政府那是完全透明的。记得我们汇报了以后，也就一天两天，全国就采取行动：第一是封住武汉；第二是全国的群防群治；第三是透明，要求所有的城市都要报疫情相关情况；第四就是强化对个体的检测。

（34）黄江北急问："他们是什么人？"

夏志远说："<u>可以肯定地说</u>，是跟田家有关的人！"（CCL，《作家文摘》1996年）

（35）"我实话告诉你，你哥当时从万方取走的每一笔钱，我都有记录，但是，在我的账上，没有这一百七十万的记录……<u>可以肯定地说</u>，这笔钱不是你哥拿的。"

"那还可能是谁呢……"

"我不知道。也许董秀娟知道，找她去吧。"（CCL，《作家文摘》1996年）

（36）中国足协以1000万元的价格，出售甲A联赛的境外电视转播权，以其收入转而支持参赛各队。<u>应当肯定地说</u>，中国足协的上述做法，为开发中国球市，为足球产业的经营带了个好头。（CCL，《1994年报刊精选》）

在例（32）和例（33）中，说话人通过"可以说""应该说"表达对命题"整个社会是不让你自由去想，或者不让你自由去争取发展"以及"17年前，我们的有关部门是有隐瞒的"的可能性评价。这两个命题表达的都是负面评价，无人称言语过程小句"可以说""应该说"的运用隐藏了情态来源，掩盖了命题只是说话人的一个主观观点的事实，说话人不公开为负面评价承担责任，增添了客观性。如果把"可以说"换成显性主观情态表达"依我看来""我认为"，说话人明白无误地表明命题是自身的一个主观观点，命题的主观性得到显现,说话人公开为负面评价承担责任。在例(34)~例(36)中,说话人用"可以肯定地说""应当肯定地说"表达对命题的可能性评价,这类无人称言语过程小句的使用掩盖了情态来源,说话人不公开为情态评价承担责任,说话人的主观观点被包装成为一个客观的陈述,从而创造了客观性。

除了显性主观和显性客观评价之外,说话人还可以通过情态动词、情态副词、语气词等小句成分以及这些小句成分的连用来表达对命题可能性的隐性主观评价。隐性主观取向分为互动型和非互动型。互动型隐性主观取向由语气词"吧"表达。"吧"表明说话人对命题做出可能性判断的同时要求听话人确认自己的推断(徐晶凝,2003)。例如:

(37)老人扶住犁站下来,他将我上下打量一番后问:"你是城里人吧?"
"是的。"我点点头。
老人得意起来,"我一眼就看出来了。"(余华:《活着》)
(38)我丈人看看她女儿,对我娘说:"那畜生呢?"
我娘陪着笑脸说:"你是说福贵吧?"
"还会是谁。"(余华:《活着》)
(39)大伙听了都笑,队长说:"放上水?你小子是想煮肉吧。"(余华:《活着》)
(40)侯亮平:你们陈局长还单着吧?
林华华:可不是嘛,我都替他着急,怎么?侯处长,你那儿有合适的姑娘?(《人民的名义》)
(41)高育良:达康书记、老季你们稍等片刻。瑞金同志,我是高育良,你今天应该在岩台市做考察调研吧?

沙瑞金：我省的新闻很讲时效性，我还没出山呢，你育良书记就什么都知道了。(《人民的名义》)

在以上例句中，语气词"吧"表明说话人在做出可能性评价的同时要求听话人确认自己的推断。在例（37）中说话人做出了"你大概是城里人"的推断，同时要求听话人确认自己的推断。

非互动型隐性主观取向由情态动词、情态副词以及两者的连用实现。与语气词不同的是，说话人通过情态动词和情态副词表达对命题可能性的主观观点、态度，并不要求听话人予以确认。情态副词与情态动词的连用旨在调节情态量值，细化说话人的情态评价。例如：

（42）侯亮平：丁义珍落网了吗？
陈海：丁义珍<u>可能逃往海外</u>了。
侯亮平：拦住他，千万别让他跑了！据赵德汉初步交代，光是通过丁义珍向他行贿的数额就达到了一千多万，丁义珍本身受贿的数额，也<u>可能十分巨大</u>，你们千万千万要把他拦在国门之内。(《人民的名义》)
（43）侯亮平：陈海，今晚这场群体事件不简单，这火是怎么烧起来的？和逃走的丁义珍有没有关系？
陈海：<u>应该是有关系</u>，而且关系很大。(《人民的名义》)
（44）黑头：虎哥，这大风厂可不一般呐，这里面可有麻包战壕。
男：所以说这是一场硬仗嘛，<u>肯定要流血</u>。(《人民的名义》)

在以上对话中，说话人运用低量值情态副词"可能"，中量值情态动词"应该",高量值情态副词与情态动词的连用"肯定要"表达对命题可能性的隐性主观评价。说话人不要求听话人确认自己的主观可能性评价。

与显性主观情态评价如"我认为"和显性客观情态评价如"这样看来"相比,互动型与非互动型隐性主观取向既没有明确标明情态来源,也没有隐藏情态评价来源,是处于强调主观性和创造客观性中间的一种情态实现形式。和英语情态助动词"could""will""must"不同的是,汉语的可能性情态动词如"要""得""应该"均不能在交际中成为人际协商的焦点,因而不进行协商性与不可协商性的划分。

综上所述,汉语可能性情态取向系统如图6.3所示。

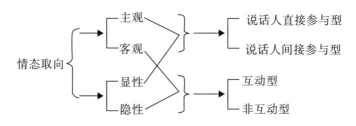

图6.3 汉语可能性情态取向系统

二、意态取向系统

意态包括义务情态、意愿情态和能力情态。下面我们结合四段对话,探讨义务情态的取向系统。

(45)方英达厉声说:"<u>不许哭</u>!方英达的女儿叫个肝癌吓哭了,传出去像什么话?老爸最发愁到干休所那些日子。现在好了,不用去了,有这一年,看着部队大变样了,走了多干脆？不要对人说爸自己知道啥病，我命令你严守秘密。"

方怡擦了眼泪，"那你也要答应吃药。"

方英达说："我答应你。还能指挥这么一场大演习，真好啊。（CCL，柳建伟：《突出重围》）

（46）"我有没有荣幸陪伴你呢？"

"没有！"她露出了狡黠的微笑："不过，我允许你同去！"（CCL，朱邦复：《巴西狂欢节》）

（47）侯亮平：行行行，帮你一回。

蔡成功：我就知道猴子不会不帮哥的，但是猴子，这电话你必须要跟丁副市长说，你是在最高人民检察院反贪总局的办公室给他打的，我就在你对面坐着。（《人民的名义》）

（48）乡亲们！杀敌人要有本钱。咱们今天分了胜利果实，可是千万记住，这都是血汗换来的。"（CCL，冯德英：《迎春花》）

（49）厂长最后说："不必检讨，谁也不必检讨。要是这也值得检讨的话，莫如我检讨了！因为我是厂长嘛！"转脸看着我，又说，"小梁，我要求你给领导同志写封信解释一下，你不觉得过分吧？解释，而不是检讨。"

我说："这可以。"（CCL，梁晓声：《京华闻见录》）

在例（45）的对话中，作为父亲的说话人运用言语过程小句"我命令"表达对提议"你严守秘密"的义务情态评价，施加给作为女儿的听话人较高程度的义务。言语过程小句"我命令"的运用突出了义务情态评价来源于说话人即父亲，强调主观性。说话人同时还运用较多的高值义务情态动词"不许""不要""要"表达施加给听话人的义务，这些情态动词均表达说话人的主观评价。

在例（46）的对话中，说话人用言语过程小句"我允许"表达许可，即施加较低程度的义务给听话人。与表许可的情态动词"可以"相比，言语过程小句"我允许"说明了义务情态来源是说话人，强调了主观性。

在例（47）和例（48）的对话中，说话人用义务情态动词的连用"必须要"和情态副词"千万"表达施加给听话人较高程度的义务，表达说话人的主观情态评价。

在例（49）的对话中，说话人用义务情态动词"不必""可以"表达施加给听话人较低程度的义务，言语过程小句"我要求"突出义务情态来源是说话人，强调了主观性。

从以上对话可知，说话人的义务情态评价既可以由第一人称代词为主语的言语过程小句体现以强调主观性，还可以通过情态动词、情态副词等小句成分体现以表达说话人的主观情态评价。汉语义务情态取向系统包括显性主观和隐性主观两种基本情态取向，隐性主观取向又细分为可协商性和不可协商性。显性主观取向由言语过程小句体现。这些言语过程小句由第一人称代词"我"作为言者（Sayer）和表达言语过程的动词词组构成，如"我命令""我要求""我允许"。言语过程小句中的主语"我"标明义务情态来源，谓语"命令""允许""要求"等表达施加给听话人的不同程度的义务。可协商性隐性主观取向由情态动词如"必须""要""应该""应当""可以""能"体现，不可协商性隐性主观取向由情态副词如"务必""千万"体现，情态动词和情态副词均表达说话人施加给听话人的不同程度的义务，具备主观性特征。当说话人采用情态动词表达情态评价时，听话人可以质疑说话人的义务评价，交际双方可以针对说话人的情态评价进行协商，交际双方对情态的协商和争辩推进话语交际。当说话人使用情态副词施加义务时，听话人不能质疑说话人表达的义务情态评价，情态评价不能成为交际双方争议、协商的焦点，由情态副词表达的义务情态评价不具备可协商性。例如：

(50) a. 千万记住！（CCL，冯德英：《迎春花》）
    *千万吗？
    *是的，千万。
    b. 应该记住！（自拟例句）
    应该吗？
    应该/不应该。

在例（100）中，由情态副词"千万"表达的情态评价不能成为交际双方协商的焦点，而情态动词"应该"表达的情态评价具备可协商性。

汉语意愿情态取向系统包括可协商性和不可协商性隐性主观取向，前者由情态动词如"要""想""愿意""乐意"体现，后者由情态副词如"非""一定"体现。由情态动词体现的意愿情态评价能够成为交际双方争辩与协商的焦点，具备可协商性，而由情态副词体现的意愿情态评价不能成为交际双方协商的核心，不具备可协商性。可协商性和不可协商性隐性主观取向均表明说话人在多大程度上愿意提供某种商品或服务，具备主观性特征。例如：

(51) 凤霞是个好孩子，到了那时候也没哭，只是睁大眼睛看我，我伸手去摸她的脸，她也伸过手来摸我的脸。她的手在我脸上一摸，我再也不愿意送她回到那户人家去了……（余华：《活着》）

(52) 卢婷又惊又喜："我？真的？让我跟你一起去？"

第六章 汉英情态实现系统对比研究

"不愿意吗?"

卢婷忙不迭地跳到门口:"愿意愿意! 当然愿意!"(CCL,电影《冬至》)

(53) 县长突然问我:"你是不是福贵?"

我说:"我今天非宰了你。"(余华:《活着》)

*非吗?

在例(51)中,情态动词"不愿意"表达说话人的意愿评价,听话人可以质疑说话人表达的意愿评价,情态动词"愿意"表达的情态评价能够成为交际双方争议的核心。在例(52)中,情态动词"愿意"表达的意愿评价是交际双方争议的核心,交际双方对意愿情态的评价推进了话语交际。在例(53)中,情态副词"非"表达说话人的高值意愿评价,情态副词"非"表达的意愿评价不能成为交际双方争议的焦点。

汉语能力情态只包括隐性主观情态取向,由情态动词"能""会""可以"体现,表明说话人对能力的主观评估,具备主观性和可协商性特征。

(54) 她苦笑着看我,我一句话不说,背起她就往家里去,家珍也不反抗,走了一段,家珍哭了,她说:

"福贵,我还能养活自己吗?"

"能。"我说。(余华:《活着》)

在例(54)中,情态动词"能"表达说话人对能力的隐性主观评价,具备主观性特征,能力评价是交际双方争议的焦点,并推进话语交际。

汉语义务、意愿和能力情态取向系统如图 6.4 所示。

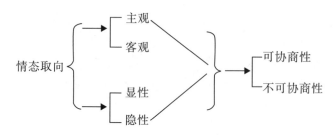

图6.4 汉语义务、意愿和能力情态取向系统

综上所述,汉语各类情态取向及实现方式如表6.4所示。

表6.4 汉语各类情态的情态取向和实现方式

	情态化:显性:主观 言语过程小句 第一人称代词为主语的心理过程小句 接参与型 介词词组构成的心理过程小句 意态:显性:主观		情态化:隐性:主观 情态动词,情态副词 情态化:隐性:主观 语气词 意态:隐性:主观 情态动词 意态:隐性:主观 情态副词 非互动型 / 互动型 可协商性 / 不可协商性		情态化:显性:客观 无人称心理过程小句 意态:显性:客观 无人称言语过程小句
情态化:可能性	我看,这孩子是指望不上了。	依我看,这个光明峰下并不光明。			现在看来,这个光明峰下并不光明。可以肯定地说,这笔钱不是你哥拿的。
意态:义务	我命令,你严守秘密。		你也答应吃药。这电话你必须要跟丁副市长说。	你是坡里人吧?	这是一场硬仗嘛,肯定要流血。
意态:意愿			我愿意为这个孩子做任何事。我一定会跟大家咱们大风厂共存亡的	千万记住!	我今天非宰了你。
意态:能力			我能做很多事呢。		

第三节　汉英情态取向系统对比

研究表明，在汉语和英语中，情态的实现方式由情态取向系统决定，情态取向表明说话人在多大程度上公开为自己的情态评价承担责任。

第一，从情态化系统来看，英语和汉语的可能性情态均具备显性主观、显性客观、隐性主观三种基本情态取向。在精密度较高的可能性情态取向系统，英语和汉语存在系统上的差异和实现形式上的差别。

首先，就显性主观取向而言，显性主观取向强调主观性，强调情态源自说话人，突出命题只是说话人的一个主观观点。在英语中，通常由第一人称代词做主语构成的认知型心理过程体现，如"I think…""I believe…"。与英语不同的是，汉语的显性主观情态取向可再细分为说话人直接参与型与说话人间接参与型两大类。说话人直接参与型显性主观取向由第一人称代词构成的认知型心理过程小句体现，如"我看"。说话人"我"充当小句的主语成分，主语是为命题信息效度负责任的成分，说话人作为小句主语，明确无误地标明了情态来源。说话人间接参与型显性主观取向由介词词组和动词词组构成的认知型心理过程小句体现，如"依我看来""照我估计"。在这类认知型心理过程小句中，说话人"我"隐藏在介词短语之内，属于内嵌的介词短语的补语成分，只充当小句的"间接参与者"成分。

其次，显性客观取向创造客观性。在英语中，可能性情态的显性客观取向由关系过程小句体现，如"It is probable that…""It is certain that…"。在关系过程小句中，说话人的一个主观观点被包装成了事件本身的特征，从而创造了客观性。在汉语中，可能性情态的显性客观取向由无人称心理过程小句和无人称言语过程小句体现，如"现在看起来""推测起来""可以肯定地说"。无人称心理过程小句和无人称言语过程小句省略了小句主语即情态来源，说话人的一个主观观点被包装成为了一个客观的、基于一定的事实或情理的陈述，从而创造了客观性。

最后，除了显性主观和显性客观评价之外，说话人还可以用小句成分表达对命题可能性的隐性主观评价。在英语中，可能性情态隐性主观取向可再细分为可协商性隐性主观取向和不可协商性隐性主观取向。可协商性隐性主观取向由情态助动词体现，情态助动词在言语交际中负责对命题进行限定，使得命题成为交际双方可争议、协商的内容。不可协商性隐性主观取向由情态副词如"certainly""possibly"等体现，情态副词所表达的情态评价不能成为交际双方争议、协商的焦点，情态评价不具备可协商性。在汉语中，可能性情态的隐性主观取向可细分为互动型和非互动型隐性主观取向。互动型隐性主观情态取向由语气词"吧"等实现。语气词"吧"表明说话人对命题做出可能性判断的同时要求听话人确认自己的推断。非互动型隐性主观取向由情态动词和情态副词体现，说话人表达对命题可能性的主观观点、态度，并不要求听话人予以确认。和英语情态助动词不同的是，汉语的可能性情态动词均不能在交际中成为人际协商的焦点，因而不进行协商性与不可协商性的划分。

第二，从意态系统（义务、意愿和能力情态）来看，英语和汉语的情态表达有同有异。

首先，英语和汉语的义务情态取向系统呈现系统和结构上的差异性特征。英语义务情态取向系统有显性主观、显性客观、隐性主观、隐性客观等情态取向，而汉语义务情态取向系统只包括显性主观和隐性主观取向。英语义务情态的显性主观取向由第一人称代词构成的认知型心理过程小句体现，如"I want John to go."。认知型心理过程小句的使用突出了义务评价来源于说话人，强调了主观性；而汉语义务情态的显性主观取向由第一人称代词构成的言语过程体现，如"我要求""我命令""我允许"，言语过程小句中的主语"我"标明义务情态来源，谓语表达施加给听话人的不同程度的义务。英语义务情态的显性客观取向由一个关系过程体现，如"it's expected that John goes"，说话人的义务评价被包装成为了事件的一个特征，隐藏了义务来源，创造了客观性；而汉语义务情态没有显性客观取向。英语义务情态的隐性主观取向由情态助动词体现，表达说话人施加给听话人的不同程度的义务；隐性客观取向由动词被动形式构成的谓语扩展实现，如"be required to""be supposed to""be allowed to"，义务来源被隐藏，说话人不为情态评价承担责任。汉语义务情态的隐性主观取向可细分为可协商性和不可协商性两类，可协商性隐性主观取向由情态动词如"要""应该""应当""可以"体现；不可协商性隐性主观取向由情态副词如"务必""千万"体现。情态动词和情态副词均表达说话人施加给听话人的不同程度的义务，具备主观性特征。汉语义务情态没有隐性客观取向。

其次，从意愿情态来看，英语和汉语的意愿情态呈现系统上的相似性和结构上的差异性特征。英语和汉语意愿情态取向系统均具备隐性主观取向，隐性主观取向又可再划分为可协商性和不可协商性两类。在实现形式上，英语意愿情态的可协商性隐性主观取向由情态助动词"will"等体现，不可协商性隐性主观取向由形容词构成的谓语扩展体现，如"be determined to""be keen to""be willing to"；而汉语意愿情态的可协商性隐性主观取向由情态动词如"愿意""乐意"实现,不可协商性隐性主观取向由情态副词"非""一定"等体现。

最后,从能力情态来看,英语和汉语能力情态呈现系统和结构上的差异性特征。英语能力情态取向系统包括隐性主观取向,隐性主观取向再划分为可协商性和不可协商性两类,前者由情态助动词 can 体现,后者由形容词构成的谓语扩展如"be able to"体现。汉语能力情态包括隐性主观取向,隐性主观取向不再进一步划分。隐性主观取向由情态动词"能""可以""会"等体现。

第七章　汉英情态实现形式的人际功能对比研究

本章我们将首先从级阶的角度总结、对比汉英情态系统在小句层、词组层的实现方式，然后分别探讨英语和汉语情态实现形式在小句中的人际功能，最后将对比汉英情态表达形式的人际功能。

第一节　汉英情态系统的实现形式

由第四章至第六章的讨论可知，情态在汉英小句及词组层可以通过多种方式体现，如表7.1所示。

由表7.1可知，情态在汉语和英语均可通过多种方式体现。在英语中，情态首先可以在小句层通过认知型心理过程小句和关系过程小句体现；情态还可以在小句层通过副词词组、介词短语，以及由动词被动式和形容词构成的动词词组体现；在动词词组层，情态可以通过情态助动词体现。在汉语中，情态在小句层可以通过认知型心理过程、言语过程或无人称心理/言语过程体现；也可以在小句层通过副词词组、介词短语、语气词，以及由情态动词构成的动词词组体现。

表 7.1 汉英情态系统的实现方式

实现领域	小句层					动词词组层
	小句 + 小句	小句				
		动词词组 (1) 动词被动式 (2) 形容词 (3) 情态动词	副词词组	介词短语	语气词	助动词
英语	(1) 认知型心理过程小句 (2) 关系过程小句 (3) 无人称心理/言语过程小句 (4) 言语过程小句					
	I think…, I want…, it is possible…, it's expected…	be supposed, be keen, be able	probably, surely	in my opinion, in all probability		must, should
汉语	我认为……, 我相信……, 我命令……, 推测起来……, 应该肯定地说……	应该、可以、 能、要、得、 必须	也许、可能	依我的看法、 照我的推测	吧	

英语助动词归属于动词词组层,是因为英语情态助动词不能像主要动词(如"stay""walk")一样在小句中作为动词词组单独存在,必须和主要动词共现,例如"He can stay here."中的"can"。而汉语的一部分情态动词如"必须""得""要""应该""应当""该""可以"可以作为动词词组在句首或句中独立存在,后接名词词组而非主要动词,还有一部分情态动词可以作为动词词组单独位于句末,作为小句的主要动词,所以汉语情态动词作为动词词组归属于小句层。

第二节 英语情态实现形式的人际功能

以 Halliday 为代表的系统功能语言学派认为,语言的概念、人际、语篇三大元功能分别由不同的语言结构体现,语言元功能催生语言结构,两者之间是自然(natural)而非任意(arbitrary)的关系(Halliday,1994)。

在英语小句层,一个小句表达三种元功能,是三种语言结构的统一(Halliday,1994:37)。例如,小句"I caught the first ball"体现表达经验意义的及物性结构"动作者(Actor)—过程(Process)—目标(Goal)",体现表达人际意义的语气结构"主语(Subject)— 限定成分(Finite)—述谓(Predicator)—补语(Complement)",以及体现表达语篇意义的主位结构"主位(Theme)—述位(Rheme)"。

从体现人际意义的语气结构来看,英语小句包括主语、限定成分、述谓、补语、附加语(adjunct)等成分(Halliday & Matthiessen,2014)。主语是为小句成为言语交际事件负责的成分。在以交换信息为语义功能的命题小句中,主语是信息的有效性所依托的部分;在以交换物品或服务为语义功能的提议小句中，主语负责实现言语功能"提供"和"命令"（Halliday & Matthiessen，2014）。主语由名词性词组体现。限定成分对小句命题进行限定，使得命题成为交际双方可争议、协商的内容。限定成分由表时态和情态的操作词体现。主语和限定成分构成语气（Mood）成分。语气是小句的核心成分。述谓表明及物性结构的过程成分，由动词词组实现。补语是有潜能成为主语但不是主语的成分，通常由名词词组体现（Halliday & Matthiessen，2014）。附加语是没有潜能成为主语的成分，通常由副词词组或介词短语体现（Halliday & Matthiessen，2014）。英语体现人际意义的小句语气结构如图 7.1 所示。

例句	you	must	certainly	take	her
小句结构	主语	限定成分	附加语	述谓	补语
	语气			剩余成分	

图 7.1　英语体现人际意义的小句语气结构

从体现人际意义的小句语气结构来看，归属于动词词组层的情态助动词充当小句的限定成分（Finite），在言语交际中负责对命题进行限定，使得命题成为交际双方可争议、协商的内容。由情态助动词体现的限定成分和主语构成小句的语气成分（Mood）。"语气成分是交际的核心，小句的其他成分仅填充细节"（Thompson，2004：54）。Martin（2000）也认为，限定成分确立小句的可协商性。交际双方由此可以针对说话人的情态评价展开协商和争辩，从而推进话语交际。如下所示：

(1)

You	must	take	precautions [to keep yourself and others safe] …
主语	限定成分	述谓	补语

(BNC)

在例（1）中，情态动词"must"作为限定成分，表达说话人的情态评价，确立小句的可协商性。限定成分"must"和主语成为言语交际的核心成分。

情态副词充当小句的附加语成分（Adjunct），表达说话人对命题可能性的主观评价。Halliday & Matthiessen（2014：154－155）指出，交际双方的争议不能围绕附加语成分而展开。我们认为，在言语交际中，作为附加语成分的情态副词所表达的情态评价不是交际双方争议、协商的焦点，情态评价不具备可协商性；作为附加语成分的情态副词可与作为限定成分的情态动词连用，表达不同量值的可能性情态评价。

(2)

Perhaps	in the future	they	should	add	more sources for reputation.
附加语	附加语	主语	限定成分	述谓	补语

(BNC)

在例（2）中，情态副词"perhaps"充当小句的附加语成分，表达说话人对命题的可能性情态评价。

由动词被动形式或形容词构成的动词词组在小句中充当述谓成分（Predicator）。述谓成分是小句的剩余成分，不是语气的组成成分。由述谓成分体现的情态评价不是小句交际与协商的核心,在一连串的交际中可被省略。作为述谓成分的动词被动形式标明被动语态,情态来源被隐藏,说话人的情态评价被客观化。作为述谓成分的形容词词组标明及物性结构的心理或关系过程,情态评价被描述成说话人自身的心理活动或所具有的特征,具备主观性特征。如下所示:

(3)

Volunteers	are	required to help assemble	the baskets and gift bags.
主语	限定成分	述谓	补语

(BNC)

(4)

I	'm	keen to have	my books	printed somewhat locally…
主语	限定成分	述谓	补语	附加语

(BNC)

在例(3)句中,"be required"的使用隐藏了义务来源,说话人的情态评价被客观化。在例(4)中,"be keen to"表明说话人的心理意愿。

就表可能性和义务情态的认知型心理过程小句而言,Halliday & Matthiessen(2014)认为,表可能性情态的认知型心理过程小句如"I think…""I am certain…"是情态的隐喻式表达方式,旨在强调主观性,不表达任何概念意义,只作为小句的附加语成分,类似于情态副词"probably";表义务的认知型心理过程小句中的"I want(John to go)"同样旨在强调主观性,充当小句的附加语成分。我们认为,表可能性的认知型心理过程小句可以视为小句的附加语成分,然而表义务的认知型心理过程小句不是小句的附加语成分,因为这类认知型心理过程小句表达概念意义,体现一个心理过程。在这类小句中,第一人称代词充当主语,说明义务来源是说话人,说话人为言语事件承担责任,动词词组"want"体现心理过程,充当述谓成分,表达义务评价,旨在强调主观性,强调义务来源是说话人。这两类小句的分析如下所示:

(5)

I think	Mary	knows.
附加语	感觉者	过程:心理
	主语	限定成分(一般现在时)述谓(know)

(Halliday & Matthiessen, 2014:693)

(6)

I	want	John	to go.
感觉者	过程:心理	动作者	过程:物质
主语	限定成分(一般现在时)述谓	主语	述谓

(Halliday & Matthiessen, 2014:693)

在例(5)中,表可能性的认知型心理过程小句"I think"的主要功能是说明情态来源是说话人,突出命题是说话人的主观观点,不表达任何概念意义,只充当小句的附加语成分。而在例(6)中,表义务的认知型心理过程小句"I want"不是小句的附加语成分,"I want"表达概念意义,体现心理过程。

最后,就表可能性和义务情态的关系过程小句如"it is certain…"而言,Halliday & Matthiessen(2014:693)认为,表情态的形容词充当关系过程的属性(attribute)成分。由此,说话人的情态评价被包装成为事件的属性特征,突显了情态评价的客观性。在小句语气结构中,表情态的形容词充当补语成分,补语成分是小句的剩余成分,不是小句的核心成分,情态评价不具备可协商性。例如:

(7)

It	's	likely	that Mary knows.
载体	过程:关系	属性	载体
主语	限定成分	补语	主语

(8)

It	's	expected	that John goes.
载体	过程:关系	属性	载体
主语	限定成分	补语	主语

(Halliday & Matthiessen, 2014:693)

在例(7)和例(8)的两个关系过程小句中,情态形容词"likely""expected"在语气结构中充当小句的补语成分,在及物性结构中作为载体的属性成分,说话人的情态评价被客观化。

第三节　汉语情态实现形式的人际功能

一、汉语表达人际意义的小句结构

在汉语小句层，一个小句表达经验、人际、语篇三种元功能，是三种语言结构的统一（Halliday & McDonald，2004；Li，2007）。例如，小句"我喜欢文学"体现表达经验意义的及物性结构"感觉者（Senser）—过程（Process）—现象（Phenomenon）"，体现表达人际意义的小句结构"主语（Subject）—述谓（Predicator）—补语（Complement）"，以及体现表达语篇意义的主位结构"主位（Theme）—述位（Rheme）"。

从体现人际意义的小句结构来看，汉语小句包括主语（Subject）、情态（Modality）、述谓（Predicator）、补语（Complement）、附加语（Adjunct）、语气（Mood）等成分（Halliday & McDonald，2004：315）。汉语学界对于汉语中是否有"主语"这一语法范畴仍然存有不少争议。Halliday & McDonald（2004：332）认为，主语是与述谓形成可协商的命题的成分，是为小句成为言语交际事件负责的成分。主语由名词词组、小句、名物化的动词词组等体现，有时可省略（Li，2007）。述谓由动词词组体现，包括主要动词和主要动词前后体现极性、体等范畴的词。主要动词通常体现及物性结构的过程成分。附加语指与过程有关的环境成分或说话人的情态评价，包括环境附加语、连接附加语、情态附加语，通常由副词词组或介词短语体现。补语成分通常由名词词组体现。语气成分通常由句末语气词体现，汉语的语气成分不是小句的核心成分。

第七章　汉英情态实现形式的人际功能对比研究

Halliday & McDonald（2004：314）认为，汉语没有限定成分，情态动词和情态副词均充当小句的情态（Modality）成分。Li（2007：116）则认为，情态动词和情态副词均充当小句的附加语（Adjunct）成分，附加语表达说话人对命题和提议的情态评价。我们认为，汉语情态动词和情态副词不宜视为同一成分，因为两者在小句中的功能大不相同：汉语情态动词可以作为小句的核心成分，作为人际协商与争辩的中心，情态副词则不能成为小句核心成分。汉语情态动词也不宜视为附加语成分，因为附加语成分通常不是小句的核心成分。因此，我们把情态动词视为情态（Modality）成分，情态副词视为附加语成分。汉语体现人际意义的小句结构如图7.2所示。

例句	这件事情	一定	要	彻查	清楚。
小句结构	补语	附加语	情态	述谓	附加语

图7.2　体现人际意义的汉语小句结构

图7.2中的例句表达命令的言语功能，被省略的主语"你"负责实现言语功能"命令"。补语"这件事情"是信息的出发点。情态副词"一定"是附加语成分，情态动词"要"是情态成分，两者均表达说话人对命题的义务评价。动词"彻查"体现述谓成分，表明物质过程。副词词组"清楚"体现环境附加语成分，指小句过程的方式。

二、情态动词与情态副词的人际功能以及两者的划界

如第二章所述,情态动词与情态副词的划界仍然是汉语界存有争议的话题。下面我们从情态动词与情态副词在小句中各自的人际功能来区分两者。

从体现人际意义的汉语小句结构来看,情态动词通常位于主要动词之前充当小句的情态(Modality)成分。由情态动词体现的情态和主语是小句的核心成分,当主语被省略时,情态成分可以单独作为小句的核心成分,交际双方能够针对情态动词表达的情态评价进行协商,听话人可以质疑说话人的情态评价,交际双方对此展开争辩,推进话语交际,小句的其他成分如由主要动词体现的述谓和补语在一连串的交际中可被省略。例如:

(9)"我今晚得加班将时间补回来。其他人还有<u>愿意</u>加班的吗?"
"<u>我愿意</u>!""<u>我也愿意</u>!"大家纷纷赞同。(CCL,文创公:《武魂》)
(10)"草也不错。"陈河摸着草继续说。
他看到风将女子的头发吹拂起来,他伸手捏住她的一撮头发,小心翼翼地问:"<u>可以</u>吗?"
女子微笑一笑:"<u>可以</u>。"(CCL,余华:《偶然事件》)
(11)"……你还是<u>应该</u>见见他。"
"<u>应该</u>吗?"她问,好像又冷又苦地笑了笑……
"<u>应该</u>。……"(CCL,戴厚英:《人啊,人!》)

在例（9）中，主语和情态成分是小句交际的核心成分。在例（10）中，情态动词"可以"是小句的核心成分和人际协商的焦点，小句的其他成分均被省略。在例（11）中，情态动词"应该"表达的情态评价成为交际双方争议和协商的焦点，小句的主语、由主要动词体现的述谓和补语成分在交际中被省略。

汉语情态动词有"×不×"式，例如"能不能""要不要""应不应该"。"×不×"式作为小句的情态成分，凸显了交际双方对情态的协商和争辩。例如：

（12）"他压迫咱们穷人，咱们<u>应不应该</u>和他算算账？"
"咋不应该呀？"一部分人这样回答。（CCL，周立波：《暴风骤雨》）

（13）他低声地说："余静同志，我有一件事想告诉你，你<u>可不可以</u>给我保守秘密？"
"可以。"（CCL，周而复：《上海的早晨》）

在例（12）和例（13）中，情态动词充当情态成分，所表达的情态评价是交际双方协商的焦点，小句的其他成分包括主语在交际中被省略。

汉语情态动词还可以位于由名词词组充当的主语之前，作为小句的情态成分，表达说话人对命题的情态评价。

Halliday & McDonald（2004）以及 Li（2007）对位于名词词组之前的情态动词并未加以探讨，在以往的汉语情态研究（谢佳玲，2002；鲁晓琨，2004；徐晶凝，2007；彭利贞，2007；范伟，2017）中，对情态动词位于名词词组前的现象关注也较少。当情态动词位于由名词词组实现的主语之前时，由情态动词实现的情态成分是小句唯一的核心成分，是小句协商和争辩的唯一焦点。在言语交际中，主语不能和情态成为小句的核心成分，不能仅保留主语和情态成分而省略小句其他成分，主语和述谓、补语等成分要么同时被省略，要么同时被保留。交际双方仅针对说话人的情态评价展开争辩，推进话语交际。

（14）a.

侦察，	必须	你们两个	去，	尤其是勇奇同志。
补语	情态	主语	述谓	主语

（CCL，曲波《林海雪原》）

b. 必须我们两个去吗？
c. 必须/不必。

（15）a.

王祺说："我不如你，

应该	你	来。"
情态	主语	述谓

（CCL，周而复：《上海的早晨》）

b. 应该我来吗？
c. 应该/不应该。

在上面例（14a）和例（15a）中，情态动词"必须"和"应该"位于名词词组"你们两个"和"你"之前，情态动词充当情态成分，是小句唯一的核心成分。由名词词组体现的主语"你们两个""你"不是小句的核心成分，不能仅保留情态动词和主语成分。

情态动词还可以充当小句的述谓成分。Halliday & Mc-

Donald(2004)以及 Li(2007)对这一现象也并未加以探讨。当情态动词充当述谓成分时,情态动词表明说话人从必要性或适宜性对某一已发生的或未发生的事件进行情态评价。作为述谓成分的情态动词标明及物性结构的关系过程,即某一事件具备必要或适宜的特征。由情态动词实现的述谓成分是小句的核心成分,也是交际双方争议与协商的焦点。如下面例(16)和例(17)所示。

(16)张清利说:"毛主席为全国人民贡献了那么多,李敏作为主席的女儿,

我为她分担些困难,		应该。"
载体	关系过程	属性
主语		述谓

(CCL,《1994年报刊精选》)

(17)"我了解你急切的心情,

现在写,	也	可以。"
载体	关系过程	属性
主语		述谓

(CCL,罗广斌《红岩》)

在例(16)、例(17)中,情态动词"应该""可以"作为小句的述谓成分,是言语交际的核心。

情态副词充当小句的附加语成分,情态副词通常位于述谓之前或句首位,表达说话人对命题的主观评价。和英语的情态副词一样,在言语交际中,作为附加语成分的情态副词

不能成为小句的核心成分，情态副词所表达的情态评价不能成为交际双方争议、协商的焦点，不能省略小句的其他成分如主语、谓语、补语而仅保留情态副词。也就是说，情态副词所表达的情态评价不具备可协商性特征。情态副词可与情态动词连用表达不同量值的情态评价。如例（18）～例（20）所示：

（18）我说："我今天非宰了你。"（《人民的名义》）
＊非吗？
＊非。

（19）侯亮平：你去找找蔡成功，也许他能给你提供一些办案的线索。（《人民的名义》）
＊也许吗？
＊也许。

（20）老大娘踌躇一霎，忙找出一条破麻袋，赶着披到女儿身上，叮嘱道："孩子，千万小心些啊！送走就快回家。"（CCL，冯德英：《苦菜花》）
＊千万吗？
＊千万。

在例（18）～例（20）中，听话人不能质疑说话人表达的情态评价，交际双方不能针对情态副词所表达的情态评价进行协商和争辩从而推进言语交际。

在情态动词与情态副词的划界问题上，学界有较大争议的两个词是"可能""一定"。就"可能"而言，有的学者主张"可能"是副词（如吕叔湘，1999；张斌，2001；Halliday & MacDonald，2004；Li，2017）；也有不少学者认为"可能"是助动词（如朱德熙，1982；胡裕树，1995；黄伯荣、廖序东，2007）。"一定"的词类范畴也一直备受争议，有不少学者认为"一定"是副词（如吕叔湘，1999；刘月华等，2001；Li，2007）；也有一些学者认为"一定"是助动词（如郭锐，2002；彭利贞，2007）。

从体现人际意义的小句结构来看，"可能""一定"通常充当小句的附加语成分，是情态副词。它们不是小句的核心成分，所表达的情态评价不能成为交际双方协商的焦点。例如：

（21）"你还为她说话！真是情人眼里出西施了！从什么时候你们开始约会的？一定是从舞会上！"

"是的。"（CCL，严歌苓：《一个女人的史诗》）

*一定吗？

（22）"他们一定会入伏吗？"

刘婉蓉答道："敌人是否入伏，全在我们的设计是否周密……"（CCL，卧龙生：《镖旗》）

（23）"我可能要跟部队走。"小菲说。

"噢。"（CCL，严歌苓：《一个女人的史诗》）

*可能吗？

（24）这天早上，葡萄正要趴下去往外观望，听见有人敲门。葡萄不吭气，手把铡刀把紧紧握住。门外的人说："可能没人在。"说话的人是个女的。另一个人说："那你去街上别人家看看，能不能借到个脸盆。"（CCL，严歌苓：《第九个寡妇》）

*可能吗？

在例（21）中，由答语"是的"可知，交际双方协商的焦点不是说话人的可能性情态评价，而是命题的极性意义,"是"或者"不是"。说话人表达的肯定性评价"一定"不能成为交际双方协商的焦点。在例(22)中,情态副词"一定"出现在是非疑问句中,说话人的情态评价仍然不是交际双方争议的焦点,由答语可知,交际双方争辩的焦点仍然是命题的极性意义"是否入伏"。在例(23)～例(24)中,情态副词"可能"表达低值可能性情态评价,听话人不能质疑说话人表达的可能性情态评价,情态评价不能成为交际双方协商的焦点。

值得注意的是,"可能"还可以作为形容词,充当小句人际结构的述谓成分和及物性结构的属性成分,作为形容词的"可能"可以成为人际协商的焦点和小句的核心成分。例如:

(25) 林华华:季检察长,陈局长,监控录像有发现,丁义珍从后门跑了。

陈海:丁义珍跑了,

	这	可能	吗?
人际结构	主语	述谓	语气
及物性结构	载体	属性	

季昌明:<u>完全可能</u>。突击搜查丁义珍的家、办公室。(《人民的名义》)

在例(25)中,"可能"是形容词,充当小句的述谓成分。由答语可知,作为述谓成分的"可能"是交际双方协商的焦点。

在情态动词与情态副词的划界问题上,"必须"也是学界争议较多的一个词。有不少学者都未将"必须"纳入助动词的范围，认为其是副词（如吕叔湘，1999；张谊生，2000；刘月华等，2001；史金生，2003；黄伯荣、廖序东，2017），也有一些学者认为"必须"是助动词或情态动词（如胡裕树、范晓，1995；彭利贞，2007）。胡波（2006：81）认为，"必须"是情态副词，因为其不能用于"×不×"式，不能被"不"修饰，不允准其后的动词组移位或删除。

从体现人际意义的小句结构来看，"必须"是情态动词，它从情态评价的角度对命题进行限定。"必须"可以作为小句的核心成分，它所表达的情态评价能够成为交际双方争辩和协商的焦点从而推进话语交际，小句的其他成分如主语、由主要动词体现的谓语和补语在交际中可被省略。虽然"必须"不能进入"×不×"式，但是它所表达的情态评价能够成为交际双方协商的焦点，而"×不×"式凸显的正是交际双方对情态评价的协商和争辩。例如：

（26）"我们今天必须去罗大哥那儿吗？"
"不必。"（CCL，方心羽：《奇幻梦话》）
（27）"别狡辩了，你马上向石静赔礼道歉。"
"用得着么？"
"必须！"（CCL，王朔：《永失我爱》）

在例（26）～例（27）中，交际双方针对"必须"所表达的情态评价进行协商和争辩，情态评价成为小句协商的焦点，小句的其他成分在交际中被省略。如果把"必须"视为情态副词，它则只能充当小句的附加语成分，作为附加语的情态副词不是小句的核心成分，不能成为交际双方协商和争辩的焦点。因此，我们认为，应当把"必须"纳入情态动词的范围。

三、其他情态实现形式的人际功能

如第五章所述，Halliday & McDonald（2004）以及 Li（2007）只对汉语情态动词和情态副词以及两者在小句中的功能进行了讨论，对其他情态实现形式没有关注。汉语表达情态的认知型心理过程小句，如"我认为""我想""依我看呢"，不表达任何概念意义，和情态副词一样充当小句的附加语成分。这些小句的主要功能是说明情态来源是说话人，突出命题是说话人的主观观点，表达可能性情态。汉语表达情态的无人称心理或言语过程小句，如"推测起来""应该肯定地说"，在小句中同样充当附加语成分，不表达任何概念意义，旨在掩盖情态来源，创造客观性。如下所示：

(28)

我认为	必要的时候	可以	鸣枪示警，武力清场。
附加语	附加语	情态	述谓

（《人民的名义》）

(29)

现在看来，	这个担心	是	多余的。
附加语	主语	述谓	补语

（BCC，莫言：《四十一炮》）

在例（28）中，认知型心理过程小句"我认为"充当小句的附加语成分，表达说话人对命题的可能性评价，旨在强调主观性。在例（29）中，无人称心理过程小句"现在看来"同样是小句的附加语成分，旨在掩盖情态来源，创造客观性。

句末语气词"吧"在表达情态评价的同时,还标明小句的语气,充当小句的语气成分,如例(30)所示:

(30)林华华:老陆,你这是让我们加班躲避相亲<u>吧</u>?
陆亦可:我是要惩治叛徒!(《人民的名义》)

在例(30)中,语气词"吧"表达说话人对命题的可能性评价,同时体现了小句的是非疑问语气。

最后,汉语表义务情态的言语过程小句,如"我命令""我要求""我允许",表达概念意义,体现一个言语过程。在这类小句中,第一人称代词充当小句主语,说明义务来源是说话人,说话人为言语事件承担责任,动词词组表明言语过程,充当小句的述谓成分,表达义务评价,旨在强调主观性。如例(31)所示:

(31)马希山直瞪着两眼,射出凶狠绝望的残光,凝视着少剑波。

"我	命令	你	快点	缴枪!"
主语	述谓	主语	附加语	述谓

(CCL,曲波:《林海雪原》)

在例(31)中,言语过程"我命令"作为一个小句,表达义务评价,同样旨在强调主观性。

第四节　汉英情态实现形式的人际功能对比

　　研究表明，在英语和汉语中，情态实现形式的人际功能具备相似性特征。英语和汉语的情态副词均充当小句的附加语成分，附加语成分不是小句协商与争辩的核心，情态评价不具备可协商性特征。英语和汉语表达情态的认知型心理过程小句和介词词组也都充当小句的附加语成分，表达说话人的情态评价。由英语和汉语认知型心理过程小句体现的附加语成分旨在强调主观性，标明情态来源。

　　在英语和汉语中，情态实现方式的人际功能也具备差异性特征。在英语小句中，情态实现方式还可以充当限定成分、述谓成分和补语成分。情态助动词体现限定成分，限定成分在言语交际中负责对命题进行限定，使得命题成为交际双方可争议、协商的内容。限定成分和主语构成小句的语气成分，语气成分是人际协商与争辩的核心，推进话语交际。由动词被动形式或形容词构成的动词词组在小句中充当述谓成分。述谓成分是小句的剩余成分，不是语气的组成成分，由述谓成分体现的情态评价不是小句交际与协商的核心，不具备可协商性特征。在表可能性和义务情态的关系过程小句中，表情态的形容词充当小句的补语成分，说话人的情态评价被包装成为事件的属性特征，凸显情态评价的客观性。

　　在汉语小句中，情态实现方式还可以充当情态成分、述谓成分、语气成分。情态动词充当情态成分。当情态动词位于主要动词之前时，由情态动词体现的情态成分可以和主语形成小句的核心成分，推进话语交际；当情态动词位于名词词组之前时，由情态动词体现的情态成分是小句唯一的核心成分。述谓成分由义务类情态动词"应该""应当""可以"

等体现，由情态动词体现的述谓成分也是小句协商与争辩的焦点与核心成分。语气成分不是小句的核心成分，由句末语气词体现。语气词在表达说话人可能性评价的同时，还标明小句的语气。汉英情态实现方式的人际功能如表 7.2 所示。

表 7.2　汉英情态实现方式的人际功能

语言	功能	情态实现形式
英语	限定成分	所有的情态助动词：must, should, can
	述谓成分	（1）动词被动形式构成的动词词组：be supposed to…, be required to…
		（2）形容词构成的动词词组：be keen to…, be able to…
	附加语成分	（1）认知型心理过程小句：I think…, I believe…
		（2）情态副词词组：probably, certainly, possibly
		（3）介词短语：in my opinion, in all probability
	补语成分（关系过程小句的属性成分）	名词词组：(it is) likely, (it is) expected

（续上表）

语言	功能	情态实现形式
汉语	情态成分	所有的情态动词：应该、要、能
	述谓成分	表义务的情态动词：应该、应当、可以
	附加语成分	（1）认知型心理过程小句：我认为……，依我看来…… （2）无人称心理/言语过程小句：推测起来……，应该肯定地说…… （3）情态副词：也许、可能、大概 （4）介词短语：依我的看法、照我的推测
	语气成分	语气词：吧

此外，在英语和汉语中，情态实现方式也可以是一个表达概念意义的小句。英语表达义务情态的认知型心理过程小句如"I want"表达概念意义，体现一个心理过程。在这类小句中，第一人称代词充当主语，说明义务来源是说话人，动词词组充当述谓成分，表达义务评价，旨在强调主观性。汉语表义务情态的言语过程小句，如"我命令""我要求""我允许"体现言语过程。在这类小句中，表达言语过程的动词词组充当述谓成分，第一人称代词充当小句主语，旨在强调主观性。

第八章　汉英情态实现形式的语篇功能对比研究

本章我们对汉英情态实现形式的语篇功能进行对比研究。首先，我们探讨英语情态实现形式在小句主位结构中的主位功能。然后，我们对汉语情态实现形式在小句主位结构中的主位功能和在小句信息结构中的信息焦点功能和焦点标记功能进行分析。最后，我们将对比汉英情态实现形式在小句主位结构和信息结构中功能的相似性与差异性特征。

第一节　英语情态实现形式的主位功能

以 Halliday 为代表的系统功能语言学派认为，英语小句除了表达经验和人际功能之外，还具备组织信息和建构篇章的语篇功能（Halliday，1994：37）。从实现语篇功能的主位结构来看，一个小句包括主位（Theme）和述位（Rheme）两个成分，主位是信息的起点（the point of departure of the message, the starting-point for the message），也是小句开始的起点（the ground from which the clause is taking off）（Halliday，1994：37–38）。主位由小句的第一个功能成分体现，小句的其他成分是述位。

　　Halliday（1994）同时认为，一个小句可以有多重主位，即每一个小句都包含一个表示经验意义的经验主位（the topical Theme），如果在经验主位之前出现了表示语篇意义的成分（如连词、连接附加语）和人际意义的成分（如称呼语、情态附加语、限定成分），这些成分都是主位的一部分，分别视为语篇主位（the textual Theme）和人际主位（the interpersonal Theme）。Halliday（1994：51-52）指出，人际和语篇主位是信息自然的起点，由于它们自然地出现在小句首位，它们并没有耗尽小句的主位潜势，其后的经验主位也是小句的主位。

　　英语情态副词、表达情态意义的介词词组以及认知型心理过程小句均可作为情态附加语充当小句主位结构的人际主位，表达说话人对信息的评价。Halliday（1994：49）认为，情态附加语是最正常、最自然的主位（natural Theme）：如果说话人想表达自己对命题信息的观点或评价，他通常会把自己的观点或评价作为信息的起点。当然，说话人也可以选择把情态附加语作为述位，不以自己的评价作为信息的起点。

　　Halliday（1994）认为，英语情态副词可以位于句首，作为小句的人际主位，表达对信息的情态评价。我们发现，情态副词作为人际主位，既可以表达对整个小句信息的情态评价，也可以只表达对经验主位的情态评价。也就是说，情态副词的辖域（scope）既可以是整个命题小句，也可以只是一个小句成分。McGregor（1997：209-213）指出，人际成分如情态助动词与小句的命题内容存在辖域上的关系。

第八章 汉英情态实现形式的语篇功能对比研究

(1)

Probably,	we	will not	be able to satisfy	all requests.
情态附加语	主语	限定成分	述谓	补语
人际主位	经验主位	述位		

(BNC)

(2)

Probably	aged 35 to 55,	the first director of the new initiative	will	co-ordinate, manage and inspire	the establishment of the new venture.
情态附加语	环境附加语	主语	限定成分	述谓	补语
人际主位	经验主位	述位			
主位					

(BNC)

(3)

And	perhaps	because of Chrysler's ignominious retreat from our only volume car manufacturing plant,	we	spared	the cars nothing—never once gave them the benefit of the doubt…
情态附加语	环境附加语	主语	限定成分	述谓	补语
语篇主位	人际主位	经验主位	述位		

(BNC)

155

在例（1）中，情态副词"probably"是小句的人际主位，表达对整个命题小句的情态评价。在例（2）中，情态副词"probably"作为小句的人际主位，表达对经验主位"aged 35～55"的情态评价。在例（3）中，情态副词"perhaps"作为小句的人际主位，表达对经验主位"because of Chrysler's ignominious retreat from our only volume car manufacturing plant"的情态评价。

在小句复合体中，情态副词可以充当小句复合体的人际主位或者作为小句复合体主位的一个部分。Thompson（2004：154－155）认为，当依赖小句在前，主句在后时，依赖小句的功能类似于附加语成分，因此，依赖小句应当视为整个小句复合体的主位；而当主句在前，依赖小句在后时，只需分析主句的主位，主句的主位作为整个小句复合体的主位。因此，当情态副词位于句首的主句之前时，情态副词是整个小句复合体的人际主位，表达说话人对整个小句复合体信息的情态评价。当情态副词位于句首的依赖小句之前时，情态副词和依赖小句是小句复合体的主位，情态副词只是主位的一个部分。如例（4）～例（5）所示：

（4）

<u>Maybe</u>	they	were jealous	because we were the headliners.
情态附加语	主语		
人际主位	经验主位	述位	
主位			

(BNC)

(5)

Maybe	after you overcome the awkwardness of the first, or the second time,	it's	really very easy.
人际主任	经验主位		
主位		述位	

（BNC）

在例（4）中，情态副词"probably"作为人际主位，后接经验主位，表达对整个小句复合体信息的情态评价。在例（5）中，情态副词"perhaps"和依赖小句是整个小句复合体的主位。

表达情态意义的认知型心理过程小句和介词词组通常位于句首，作为小句的人际主位，表达对信息的情态评价。作为限定成分的情态助动词如果出现在疑问句中，也是小句的人际主位。

(6)

In my view	teachers	should be rewarded for student growth in their classroom…
人际主位	经验主位	述位

（BNC）

(7)

Overall,	I think	it's	justifiable to be skeptical of Appel…
语篇主位	人际主位	经验主位	述位
主位			

(BNC)

(8)

Father,	must	I	go to work?
人际主位	人际主位	经验主位	述位
主位			

(BNC)

在例（6）和例（7）中，介词短语"in my view"、认知型心理过程小句"I think"均是小句的人际主位，构筑对述位意义的态度。在例（8）中，疑问句中的情态副动词"must"作为限定成分，必须出现在句首位作为人际主位。

对于体现可能性情态和义务情态的关系过程小句如"it is certain…""it is expected…"，Halliday（1994）以及Halliday & Matthiessen（2014）均没有专门讨论该类小句如何划分主位和述位。Thompson（2000：152-153）则认为，"it is true""it may be"这类小句是主位化评价（Thematized comment），其后的成分为述位。他认为，主位化评价和前置主位（preposed Theme）一样是一类特殊的主位结构，主位化评价使说话人能够把将要所说话语做出的评价作为信息的起点，说话人的态度或评价是信息自然的出发点。比如，在"it may be that the news reporters are manipulating the truth of reasons of strikingness"句中，"it may be"是主位，其后的命题是述位，命题被评价为"may be"。我们认为，如果依此分析，情态副词、介词短语以及认知型心理过程小句均可视为小句的评价主位，后面的成分皆为述位，因为情态副词"maybe"、认知型心理过程小句"I believe"、介词短语"in my view"同样是对命题效度的评论。因此，我们提出，可以依据Halliday（1994）对认知型心理过程小句的分析，把体现可能性的认知型心理过程小句"I don't believe"视为人际主位，其后的成分视为经验主位；同样，体现可能性情态和义务情态的关系过程小句可以视为人际主位，说话人把对命题可能性或义务的评价作为信息的出发点，说话人的情态评价可以作为信息自然的起点，并没有耗尽小句的主位潜势，其后的成分是经验主位。从语篇分析的角度来看，表达可能性和义务性情态的关系过程小句后的经验主位也是小句主位不可或缺的一个重要成分，对实现语篇的连贯、标明语篇的发展模式有着重要的作用。如例（9）所示：

（9）

But	it is certain	companies asking bankers to restructure loans	will never return …
语篇主位	人际主位	经验主位	述位

（BNC）

在例（9）中，连接附加语"but"是语篇主位，关系过程小句"it is certain"是人际主位，后面的名词词组是经验主位。下面我们来看此例句所出现的语篇：

（C1） A number of large private property companies also went, including the Lyon Group and Wilstar, William Stern's property company. （C2） But a great many more, both public and private, were brought to their knees （C3） and many well known names eventually disappeared through acquisition or merger. （C4） Now it looks as if history may be repeated. （C5） Debts of major companies such as Olympia & York and Heron, and even minnows such as Speyhawk, are too large for the banks to pull the rug. （C6） But it is certain companies asking bankers to restructure loans will never return to former carefree days. （C7） There is, however, a fundamental difference between present market conditions and those of the seventies. Then, the biggest pension funds and insurance companies bought actively from property companies in the open market. Several of the major companies, such as British Land, Capital & Counties, MEPC and even Land Securities, were forced to sell some of their best properties to survive. Between 1974 and 1978 institutions spent 5 billion buying from overstretched... （BNC）

在这个语篇中，第一个小句（Clause 1，即 C1）的主位是"a number of large property companies"，随后的第二和第三个小句（C2 & C3）主位延续了这一个话题。第四个小句（C4）的主位"now"是表时间的环境成分，这个标记性主位标明作者从谈论过去的情形转移到谈论现在的情形。第五个小句（C5）的主位"debts of major companies"是对前面第一至第三个小句（C1～C3）所谈论话题的进一步延伸。在第六个小句（C6）中，关系过程小句"it is certain"作为人际主位表达说话人对命题可能性的评价，后面的名词词组

"companies asking bankers to restructure loans"作为经验主位延续了前一小句主位所谈论的话题。如果只把关系过程小句列为主位，后面的名词词组列为述位，则中断了此句和前面以及后面小句（C7）主位的联系。

第二节　汉语情态实现形式的主位功能

在小句层，一个小句表达经验、人际、语篇三种元功能，是三种语言结构的统一（Halliday & McDonald, 2004; Li, 2007）。汉语小句的主位结构包括主位（Theme）和述位（Rheme）两个成分（Halliday & McDonald, 2004：320）。主位是语言使用者组织信息的出发点，小句从主位展开，被展开的部分是述位。在同一小句中，主位的不同表明语言使用者从不同的角度组织信息以切合语境的需求。汉语小句的主位由小句的第一个结构成分体现，后面可接语气词"啊""吧""哪""呢"，这些语气词标明主位与述位的界限，并表明主位是被详述的部分（Halliday & McDonald, 2004：321）。汉语小句主位还可以由"至于""关于"等介词明示。例如：

（10）侯亮平：你可不是老百姓，你是处长啊。
赵德汉：处长算个屁呀！<u>在北京啊</u>，一板砖下去，能砸到一大片处长。(《人民的名义》)

在例（10）中，主位"在北京"后接语气词"啊"，语气词标明主位和述位的界限。

汉语小句同样有多重主位结构，包括人际主位、语篇主位和经验主位（Halliday & McDonald, 2004; Li, 2007）。主位包含一个表达经验意义的经验主位（the topical Theme），在经验主位之前,表达人际意义的称呼语、情态动词、情态副词等叫作"人际主位"(the interpersonal Theme),表达语篇意义的连词、介词、叹词等叫作"语篇主位"(the textual Theme)(Halliday & McDonald,2004;Li,2007)。

McDonald(2004:226-230)探讨了汉语动词成分的语篇功能,但他并未对汉语情态实现形式的语篇功能进行研究。Li(2007:174)认为,由情态副词体现的情态附加语可以作为小句的人际主位。我们认为,汉语表情态的介词短语,表情态的认知型心理过程小句和无人称小句以及情态副词均可以作为情态附加语出现于句首位,作为信息的起点,作为小句的人际主位,构筑对小句述位意义的态度。如例(11)~例(15)所示。

(11) 杨澜:你觉得我们国家,整个的创新环境,有哪些是不利于更多的人成为雷军的?

雷军:

当然我觉得,	小米	还没有真正成功,包括我本人也没有真正成功……
人际主位	经验主位	述位

我觉得	我们所感受到的最大的问题	是什么呢?
人际主位	经验主位	述位

我觉得	我们这个社会,	缺少对失败的宽容。
人际主位	经验主位	述位

(《杨澜访谈录》)

(12) 侯亮平：

赵处长啊，	依我看呢，	这谁	都出不了你洋相，但凡出洋相的，全是自找的。
人际主位	人际主位	经验主位	述位

(《人民的名义》)

(13)

可以肯定地说，	北京城	将更开放，北京人的观念也将更开放。
人际主位	经验主位	述位

(CCL,《人民日报》1993年12月份)

(14) 张学良立刻把这几句话译为英语告诉端纳，端纳微笑道：

"依我的看法，	这几天	是您最舒服的日子了。"
人际主位	经验主位	述位

(CCL，程广、叶思：《宋氏家族全传》)

(15)

可能	是牛	放慢了脚步，
人际主位	经验主位	述位

老人又吆喝起来："二喜，有庆不要偷懒……"

(余华：《活着》)

在例（11）～例（15）中，认知型心理过程小句"我觉得""依我看呢"、无人称言语过程小句"可以肯定地说"、介词短语"依我的看法"以及情态副词"可能"均是小句信息的起点,作为小句的人际主位,表达对信息的情态评价,其后的名词词组是小句的经验主位。

汉语的双音节可能性情态动词如"应该"可以单独位于句首,作为信息的起点和小句的人际主位,表达对信息的可能性评价。单音节可能性情态动词"应""该""要""得"等均不能单独位于句首作为小句的人际主位,构筑对述位意义的态度。冯胜利(2009)认为,汉语的双音节音步是汉语最小的、最基本的"标准音步",汉语的标准韵律词是两个音节,而单音节词在句法使用上受到较多限制,在一些语境中不能独立使用。例如:

(16)

你	是不是也觉得她这毛病挺大?
主位	述位

应该	你	是受害最深。
人际主位	经验主位	述位

(CCL,王朔:《无人喝采》)

在例(16)中,表可能性的双音节情态动词"应该"是小句的人际主位,表达对命题的可能性判断,名词词组"你"是小句的经验主位,与前一小句的主位保持相同,延续了小句信息的出发点。

第三节 汉语情态实现形式的信息焦点和焦点标记功能

汉语小句的语篇功能除了由主位结构体现之外，还可以由信息结构体现（Halliday & McDonald, 2004; Li, 2007）。信息结构是把语言组织成为信息单位（information unit）的结构。信息单位与小句属于级阶的同一层面，但是信息单位不受小句结构的限制，一个信息单位可能超越一个小句或者比一个小句短（Li, 2007: 186）。组成信息单位的信息结构通常包括两个部分，即已知信息（Given）和新信息（New）（Halliday & McDonald, 2004; Li, 2007）。已知信息指已经提及的信息或者在语境中可以确定的信息，新信息指尚未提及的信息或者出人意料的信息。其中，新信息是必要成分，而已知信息可以取舍。已知信息通常先于新信息，新信息的最高点即信息焦点是说话人认为最重要的信息（Li, 2007: 186）。信息焦点这一术语最早在 Halliday（1967）中提出。Halliday（1967: 206）指出，"信息焦点是一种强调，说话人借此划定一部分信息并希望这一部分信息被解读为有用信息"。在口语中，信息焦点由声调重音（tonic prominence）体现，通常位于信息单位的末尾，即最后一个实义词项（lexical item），或者小句最后一个成分的中心语（the Head of clause-final constituent），这是信息单位的常规信息焦点（unmarked information focus）；信息焦点也可以出现在信息单位的其他位置，即为标记性信息焦点（marked information focus）（Halliday & McDonald, 2004: 325, Li, 2007: 186）。在书面语中，一般情况下，一个信息单位即是一个小句，信息焦点通常位于小句的末尾；信息焦点也可以出现于小句的其他位置，由特殊的语法结构或词汇来标记，例如，"连……都/也"结构（Li, 2007）。

在以往的文献中，对汉语情态实现形式的信息焦点功能的研究非常少见。向二兰（2015：114）指出汉语助动词可以位于句尾，但是该研究并未对汉语情态助动词可以置于句尾这一现象进行功能阐释。胡波（2016：159）认为，道义情态助动词出现在句尾是子句话题移位的结果。我们认为，充当述谓成分的汉语中值和低值义务情态动词如"可以""不必""应当""应该"可以置于小句末尾，作为小句的常规信息焦点，表达对前面已知信息的评价。作为信息焦点，说话人的情态评价得到了突出和强调，如下面例（17）～例（20）所示：

（17）史玉柱毫不犹豫地说："'打赌'吃辣椒！"
上海同学当然不甘示弱，也不肯让步，说：

"'打赌'	可以。"
主语	述谓
已知信息	新信息

（CCL，《史玉柱传奇》）

（18）王锐的不幸消息，不胫而走。全系师生慷慨解囊，纷纷捐款。刚参加工作不久的年轻女教师刘羽捐了150元钱，还多次带着水果到医院去看望。她说："谁遇到这种情况都应该伸出援助之手。我是从农村走出来的，深知农村孩

第八章 汉英情态实现形式的语篇功能对比研究

子的艰辛。

捐几个钱救人命，	应该。
主语	述谓
已知信息	新信息

"

(CCL，《1998年人民日报》)

(19) 乌克兰队主教练亚科夫伯夫斯基则显得喜气洋洋，他情不自禁地说："这是一个幸福的时刻，这是一场幸福的比赛。"他认为乌克兰队精心研究了中国队的特点，并制订了针对性的战术。

取胜	完全应当。
主语	述谓
已知信息	新信息

(CCL，《新华社2001年新闻报道》)

(20) "这人不错，是得去感谢。"

"
感谢	倒不必。
主语	述谓
已知信息	新信息

他是个好爱面子的角色，平素说你架子大，没去他家坐过。"

(CCL，彭见明：《那山那人那狗》)

在例（17）中，主语"打赌"在前文已提及，是已知信息，充当述谓成分的低值义务情态动词"可以"是小句的信息焦点，表达对已知信息的评价。例（18）中，主语"捐几个钱救人命"在前文也已提及，作为述谓成分的中值义务情态动词"应该"是小句的信息焦点，表明"捐几个钱救人命"是理所应当的。在例（19）中，主语"取胜"是已知信息，作为述谓成分的中值义务情态动词"应当"是小句的信息焦点。在例（20）中，主语"感谢"在前一句已提到，作为述谓成分的低值义务情态动词"不必"是小句的信息焦点，表明说话人对已知信息的低值义务评价。

汉语意愿情态动词如"愿意""乐意"和能力情态动词如"可以""会""能"也可以置于小句末尾，作为小句的常规信息焦点，突出和强调说话人的意愿和能力评价。汉语意愿和能力情态动词作为小句的情态成分，表达说话人（即小句主语）有意愿和能力提供商品或服务，置于末尾时，需跟随在主语后面。如下所示：

（21）他说，欢喜什么呢，地富反坏右都摘了帽子，<u>我不过就是换个地方做事罢了</u>。

在镇上	做事，	我	愿意。
附加语	述谓	主语	情态
已知信息←——新信息			

（CCL，陈世旭：《将军镇》）

（22）那五说："我一看《汤头歌》《药性赋》脑壳仁就疼！有没有简便点儿的？比如偏方啊，念咒啊！要有这个我倒可以学学。"过先生说："

念咒	我	不会。
述谓	主语	情态
已知信息←——新信息		

偏方倒有一些，您想学治哪一类病的呢？"

（CCL，《邓友梅选集》）

在例(21)中,"在镇上做事"所涵盖的信息在前文已提及,意愿情态动词"愿意"是小句的信息焦点,表明说话人对信息的意愿评价。在例(22)中,"念咒"在前文已提及,是已知信息,能力情态动词"不会"是小句的信息焦点,表明说话人的能力评价。

汉语高值义务情态动词如"必须""得""要"不能置于小句末尾,作为小句的常规信息焦点,因为这些情态动词表达最高程度的义务给予听话人采取某种行动,通常置于实义动词的前面以要求听话人采取行动。例如:

(23) a. 赵德汉:你干什么?我,我告诉你啊,我哪儿都不去。

侯亮平:

你	必须	去,
主语	情态	述谓
主位	述位	
已知信息←——新信息		

这好戏才演了第一场。

*b. 你去,必须!

(《人民的名义》)

在例(23)中,高值情态动词"必须"不能置于句末作为小句的信息焦点,而必须居于实义动词"去"的前面,以要求听话人采取行动。

汉语高值和中值义务情态动词还可以位于句首位或句中位作为焦点标记词(focus marker),标记其后的名词词组作为小句的标记性信息焦点。在以往的文献中,对汉语情态动词焦点标记功能的研究比较少见。徐烈炯(2005)认为,在汉语中用作焦点敏感算子的词语语类比较一致,绝大多数是副词。刘林（2013）则指出，汉语焦点标记词除了副词外，还有语气词、情态助动词等，但是该研究并未对情态助动词的焦点标记功能进行探讨。McDonald（2004）只探讨了动词词组成分"有""是"的焦点标记功能。焦点标记词是能够指示句中的新信息、突显信息焦点、对信息焦点有标记作用的词（刘林，2013）。作为焦点标记词的义务情态动词旨在标明、强调后面的名词词组是小句的标记性信息焦点，强调特定的人或机构有义务完成指令。作为标记性信息焦点的名词词组通常是人称代词，充当小句的主语成分，指有义务去执行指令的人或机构，并经常后接代词"自己"或附加语"亲自"等强调是自身而不是其他人有义务完成指令。标记性信息焦点之后由动词词组体现的述谓成分通常是前文已提及或在语境中自明的已知信息，如下面例（24）～例（26）所示：

（24）"可是我怎么能替你请假呢？

得	你自己	去请	呀。
情态	主语	述谓	语气
←新信息		已知信息	

"姜敏说："假，不用请，早已准了。通知他们一下就行。"

得	你自己	去通知	呀。
情态	主语	述谓	语气
←新信息		已知信息	

"那也""你陪我去，帮我说说。"

（CCL，杨绛：《洗澡》）

(25)"那样,不但要改变办法,还得要使用新生力量。"梁波望着沈振新说。

"非用不可的时候,那只好用!"

"这个决心	要	你	下!"
补语	情态	主语	述谓
主位	述位		
已知信息	新信息		已知信息

"好吧!把刘胜那个团拿出来!"

(CCL,吴强:《红日》)

(26) 吴胖子指使我,"你去到我们家对门叫一下丁小鲁。"

"这事	都	应该	你	去。"
补语	附加语	情态	主语	述谓
已知信息	新信息			已知信息

我批评吴胖子,"也是劳动人民出身,别养成指使人的毛病"。

(CCL,王朔:《一点正经没有》)

在例(24)中,述谓成分"去请假""去通知"均是前文已提及的已知信息,情态动词"得"标明后面由名词词组实现的主语成分"你自己"为小句的信息焦点,强调是听话人而非其他人有义务去完成指令。在例(25)中,述谓成分"下"和补语成分"这个决心"均是在前文中可以确定的信息,情态动词"要"标记其后的主语成分"你"为小句的信息焦点,强调是听话人有义务去做某事。在例(26)中,补语成分"这事"和述谓成分"去"是前文已提及的已知信息,情态动词"应该"标记其后的主语成分"你"为小句的信息焦点,突出和强调是听话人"你"有义务做某事。

汉语低值义务情态动词表许可，不能作为焦点标记词，标记其后的主语为小句的信息焦点并强调主语有义务完成指令。这是因为当说话人给予听话人许可时，听话人可以选择完成或不完成指令。因此，表许可的义务情态动词不能作为焦点标记词强调其后的主语有义务完成某项指令。如例（27）所示：

（27）张凯森：这样吧，你也不用陪我，如果你有笔记本电脑，<u>可不可以拿到这里来</u>，我用用？你上你的班。
　　柯幸瑶：那怎么行？你身上还有伤。你是要写什么吗？

可以	你	来说，
情态	主语	述谓
←新信息		

然后我帮你打在电脑里。我把 MP4 也带过来，存在里面。

（CCL，杨银波：《中国的主人》）

在例（27）中，情态动词"可以"表许可，当其位于主语"你"之前时，不能标记其后的主语为小句的信息焦点，小句的信息焦点是述谓成分。

汉语的意愿和能力情态动词表达小句主语的意愿和能力，必须跟随在充当小句主语的名词词组之后，不能像义务情态动词一样位于小句主语的前面标记其后的主语为信息焦点。汉语的可能性情态动词表达说话人对命题的可能性判断，同样不能作为焦点标记词标记主语为小句的信息焦点。

第八章 汉英情态实现形式的语篇功能对比研究

第四节 英汉情态实现形式的语篇功能对比

研究表明，在英语和汉语小句中，情态实现形式均具备组织信息的语篇功能。在英语和汉语的主位结构中，情态副词、表达情态意义的介词短语和小句均可充当小句的人际主位，作为小句信息的起点，构筑对小句述位的态度。英语情态助动词只能在是非疑问句中充当小句的人际主位，而汉语的双音节可能性情态动词如"应该"可以位于陈述句句首作为小句的人际主位，表达对信息的可能性评价。汉语单音节可能性情态动词"应""该""要""得"由于不是汉语标准韵律词，在句法使用上受到限制，均不能单独位于句首作为小句的人际主位。

在信息结构中，英语的情态助动词不能成为小句的常规信息焦点或焦点标记词，而汉语情态动词有信息焦点和焦点标记功能。汉语中值和低值义务情态动词如"可以""不必""应当""应该"，意愿情态动词如"愿意""乐意"，能力情态动词如"会""可以"，均可以位于句末，作为小句的常规信息焦点，突出和强调说话人的情态评价。汉语高值义务情态动词和可能性情态动词不能置于小句末尾作为小句的常规信息焦点。

汉语高值和中值义务情态动词可以位于句首位或句中位，作为焦点标记词来标记其后的主语为小句的非常规信息焦点，强调特定的人或机构有义务去完成指令。汉语低值义务情态动词表许可，不能作为焦点标记词，标记其后的主语为小句的信息焦点并强调主语有义务完成指令。英汉情态实现形式的语篇功能如表 8.1 所示。

表 8.1 英汉情态实现形式的语篇功能

		人际主位功能	信息焦点功能	焦点标记功能
英语	情态副词：surely, perhaps			
	介词短语：in my view, in my opinion			
	认知型心理过程小句：I believe, I think			
	关系过程小句：it is certain…			
	是非疑问句中的助动词 Must…?			
汉语	情态副词：也许、大概、可能		中值、低值义务情态动词："打赌，<u>可以</u>""感谢，倒<u>不必</u>"	高值、中值义务情态动词："<u>得</u>你自己去通知""这事<u>应该</u>你做"
	介词短语：依我的看法、照我的估计		意愿和能力情态动词："在镇上做事，我<u>愿意</u>""念咒，我<u>不会</u>"	
	认知型心理过程小句：我认为、我觉得			
	无人称心理过程/言语过程小句：可以肯定地说			
	双音节可能性情态动词：应该			

第九章　汉英情态实现形式在小句复合体中的逻辑功能

本章，我们将对汉英情态实现形式在小句复合体中的逻辑功能进行研究。首先，我们将探讨英语情态实现形式在小句复合体中的逻辑功能；然后，对汉语情态实现形式在小句复合体中的逻辑功能进行研究；最后，将对比汉英情态实现形式在逻辑功能上的相似性和差异性特征。

第一节　英语情态实现形式的逻辑功能

系统功能语言学认为，英语小句复合体（clause complex）是小句通过线性递归产生的，是语法最高级阶——小句的复合（Hallliday，1994；Halliday & Matthiessen，2014）。小句复合体的小句之间存在两种关系：一是相互依赖关系（interdependency），分为并列关系（parataxis）和从属关系（hypotaxis）；二是小句之间的逻辑语义关系（logico-semantic relation），即一个小句在语义上对另一个小句进行扩展（expansion），或者被它投射（projection）（Halliday，1994；Halliday & Matthiessen，2014）。

扩展有三种方式，即解释（elaboration）、延伸（extension）和增强（enhancement）（Halliday，1994；Halliday & Matthiessen，2014）。解释关系（用"="表示）指一个小句在语义上对另一小句进行重述、说明、例示。解释关系既可以由"in other words""for example""to be precise"等标记词（marker）明示，也可以不用任何标记词，直接把小句并置。延伸关系（用"+"表示）指一个小句通过增加新信息在语义上延伸另一小句，包括三种方式：增添（addition）、替代（replacement）、备选（alternative）。增添关系指两个小句是"增加"（and）的关系，通常由标记词"in addition""moreover"等表示；替代关系指一个小句表现为另一个小句的全部或部分替代，通常由标记词"instead""on the contrary"等表示；备选关系指两个小句是"或者"（or）的关系，即一个小句作为另一个小句的备选项，由标记词"or""alternatively"等表示。增强关系（用"×"表示）是指一个小句通过时间、地点、因果或条件等环境成分对另一小句进行修饰，由"because""if""since""meanwhile"等标记词表示。

投射指一个小句通过另一个小句得到投射，把它投射为话语（locution）或思想（idea）（Halliday，1994；Halliday & Matthiessen，2014）。投射可以分为两种方式：一是话语，话语的投射小句为言语过程，投射的是话语；二是思想，思想的投射小句是心理过程，投射的是意义。

一、情态实现形式体现小句复合体中的扩展关系

Thompson & Zhou（2001）认为，英语可能性情态副词如"perhaps""maybe"等可以在语篇中标明选择关系。然而，对于情态实现形式在小句复合体中的功能，功能语言学界相关的研究并不多见。实质上，在小句复合体中，情态实现形式可以充当小句复合体扩展关系的标记词（marker），标记小句与小句之间的扩展关系。

首先，低值可能性情态副词如"perhaps""maybe"在表达对小句情态评价的同时，还可以充当小句复合体备选关系（alternative）的标记词，表达小句与小句之间的备选关系，即"X 或者 Y"的关系。低值可能性情态副词表达说话人对命题的低值可能性情态评价，即命题可能是这样，这也意味着命题可能不是这样，由此可以表达小句与小句之间的备选关系。在下面的例句中，如果去掉低值可能性情态副词，小句与小句的备选关系不成立，小句之间的逻辑语义关系发生变化。例如：

(1) Perhaps this link hasn't occurred to you, and perhaps when you consider it, it'll make sense to you. (BNC)

(2) Well we've only got binary decoders here so we have to cope, and we have to change something. Maybe we change the decoders, and maybe we change the inputs. (BNC)

在例（1）、例（2）中，情态副词"perhaps""maybe"表达对命题的低值可能性判断，并表明小句之间的备选关

系，即小句之间是 X 或者 Y 的关系。如果去掉情态副词"perhaps""maybe"，小句之间的备选关系不成立，小句复合体的逻辑语义关系发生变化，逻辑语义关系由备选关系变成了增添（addition）关系，即"X 和 Y"的关系。

低值可能性情态副词如"maybe""perhaps"在表达情态评价的同时，还可以和标记词"but"一起表达并列小句复合体中"让步条件^结果"（concessive condition^ consequence）逻辑语义关系。"让步条件^结果"关系指"如果 P，然后与期待相反的 Q"（if P then contrary to expectation Q）（Halliday，1994：234）。低值可能性情态副词"maybe""perhaps"等可以置于句首，表达对小句命题的低值可能性情态评价，即表达命题的可能性。因此，可以作为标记词表达可能性条件（if P），随后由"but"引导的小句表达与期待相反的结果。如果删去情态副词，小句复合体的让步条件^结果语义关系不复存在。如下所示：

（3）Perhaps I'm sounding cynical, but the sight of Diana reaching for Lady Spencer's arm during the funeral service made me feel quite sick. (BNC)

（4）Maybe I'm too cynical, but I find it difficult to accept Pete Gomersall's faith in human nature and the view that climbers will not step out of line and place bolts in the "wrong" locations. (BNC)

在例（3）、例（4）中，情态副词"maybe""perhaps"引导的小句表达让步条件，如果删去情态副词，前一小句表达断言（assertion），并列小句复合体小句之间的"让步条件^结果"语义关系不复存在。

二、英语情态实现形式的投射功能

Martin（1995）指出，在英语中，表达义务情态的心理过程小句可以作为投射小句，例如：

α I cannot believe
β that his death and the murder of so many others in the last terrible weeks has not prompted an immediate response from the government.

Martin（1995）认为，心理过程投射小句"I cannot believe"从深层意义上可以理解为表达义务情态的语法隐喻体现形式，等同于"you should"。

我们认为，在小句复合体中，表达义务情态的认知型心理过程小句和言语过程小句均可以作为投射小句，投射的是命令而非命题，被投射小句表达的是命令的具体内容，如例（5）和例（6）所示：

(5)

I	want	you	to try	some of these equations in it.
感觉者	过程：心理	动作者	过程：物质	
α		β		

（BNC）

(6)

I	demand	that this man	gets	a major deal	now.
言者	过程：言语	动作者	过程：物质		
α		β			

（BNC）

在例（5）中，表达义务情态的认知型心理过程小句"I want"作为投射小句，投射说话人的思想；在例（6）中，表达义务情态的言语过程小句"I demand"同样作为投射小句，投射说话人的话语。

第二节　汉语情态实现形式的逻辑功能

在汉语中，小句复合体（clause complex）指两个或两个以上小句的复合。小句复合体内小句之间存在两种关系：①相互依赖关系，分为并列关系和从属关系；②逻辑语义关系，包括扩展（expansion）和投射（projection）（Li，2007）。

扩展有三种方式：解释（elaboration）、延伸（extension）和增强（enhancement）（Li，2007：81）。解释关系指一个小句在语义上对另一小句进行重述、说明、例示，由"比方说""例如"等标记词明示。Li（2007：100）认为，解释关系小句复合体的小句均是并列关系，并且只由一个连词标记。延伸关系指一个小句通过增加新信息在语义上延伸另一小句，包括三种方式：增添、替代、备选（Li，2007：84-88）。延伸关系小句复合体的小句可以是并列关系或从属关系。增添关系指两个小句是"增加"的关系，可由标记

第九章 汉英情态实现形式在小句复合体中的逻辑功能

词"并且""不但……而且……"等表示；替代关系指一个小句表现为另一个小句的全部或部分替代，可由标记词"非但……还要……""并非……而是……"等表示；备选关系指两个小句是"或者"（or）关系，即一个小句作为另一个小句的备选项，可由标记词"要么……要么……"等表示。增强关系指一个小句通过时间、地点、因果或条件等环境成分对另一小句进行修饰，可由"所以""只要……就……""除非……否则……"等标记词表示。

投射可以分为两种方式：一是话语，即一个小句把另一个小句投射为话语，话语的投射小句为言语过程；二是思想，即一个小句把另一个小句投射为思想，思想的投射小句是心理过程，投射的是意义（Li, 2007：78）。

邢福义（2001：28-29）认为，复句关系词语包括连词、关联副词、助词以及超词形式，他还指出能愿动词可以出现在"P，否则Q"句式中。我们认为，在汉语中，小句复合体的扩展关系不单由连词、关联副词等明示，还可以由情态实现形式来表示。情态实现形式可以作为小句复合体扩展关系的标记词（marker），在表达情态意义的同时，联接两个小句，表达小句复合体内小句之间的扩展关系。

首先，汉语低值可能性情态副词如"也许""可能""或许""兴许"可以表明小句复合体内小句与小句之间的备选关系，即"X或者Y"的选择关系。低值可能性情态副词表达说话人对命题的低值可能性情态评价，即命题可能是这样，这也意味着命题可能不是这样，由此可以表达小句之间的备选关系。表达备选关系的情态副词也可由表达备选关系的典型标记词"或者……或者……"替代，如下面例(7)～例(10)所示：

(7) 二舅到台北<u>可能</u>是找朋友，也<u>可能</u>是找王升。(CCL，《作家文摘》1995年)

(8) 在中国历史上，有一大群非常重要的人物肯定被我们历史学家忽视了。

这群人物不是英雄豪杰，也未必是元凶巨恶。他们的社会地位<u>可能</u>极低，也<u>可能</u>很高。就文化程度论，他们<u>可能</u>是文盲，也<u>可能</u>是学者。很难说他们是好人坏人，但由于他们的存在，许多鲜明的历史形象渐渐变得瘫软、迷顿、暴躁，许多简单的历史事件变得混沌、暧昧、肮脏。(CCL，余秋雨：《历史的暗角》)

(9) 我<u>也许</u>喜欢她，<u>也许</u>不喜欢，这跟你有什么相干？(CCL，巴金：《家》)

(10) 所以她又问道："谢小玉溜了？"

丁鹏道："我不知道。<u>也许</u>是溜了，<u>也许</u>是躲在里面。"(CCL，古龙：《圆月弯刀》)

在例（7）～例（10）中，低值可能性情态副词的运用表明两个小句之间的逻辑语义关系是备选关系，如果删去"可能""也许""可以"，小句间的备选关系则不复存在。在例（7）中，如果删去关联词语"可能"，小句之间的逻辑语义关系由备选关系（or）变成增添（and）关系。在例（8）～例（10）中，如果删去关联词语"可能""也许"，小句复合体无法成立。

其次，肯定和否定形式的高值和中值义务情态动词如"必须""得""要""应该""应当""不能""不许""不准"在表达说话人高值和中值义务评价的同时，还作为小句复合体的标记词表明必不可少、唯一的条件，其后的小句表明如果此唯一条件不满足而随之产生的后果，前一小句从条件的角度对后一小句进行修饰。高值和中值义务情态动词均表达动作、行为的必要性（Palmer，1990：8），即有必要让听话人完成指令，因此可以在小句复合体中作为标记词表达必不可少、唯一的条件。作为标记词的高值和中值义务情态动词不能删去，否则小句复合体内小句之间的条件－结果逻辑语义关系不复存在。作为条件标记词的高值和中值义务情态动词也可以由表达条件的典型标记词"除非"替代，如下面例（11）～例（17）所示：

（11）蒋介石接过电话，话筒里传来宋美龄焦急中又有几分恼怒的声音："你必须马上到上海来一趟，十万火急！否则就来不及了！"（CCL，吴金良、朱小平：《蒋氏家族全传》）

（12）省委书记兼深圳市委书记、市长吴南生，蹚着没膝的大水，找到了分管基建的罗昌仁，急切地说："老罗啊，你一定得把水给我治住，否则怎么建特区！"（CCL，《1994年报刊精选》）

（13）"何处长，一定要立即行动，不能再拖了，否则真的就没机会了，监狱的情况随时在变。"（CCL，张平：《十面埋伏》）

（14）"你这孩子口型不好，应该给他整整牙，否则吹起来带哨音。"（CCL，王朔：《无人喝采》）

（15）唯有一点，我希望你和李局长、易局长再商量一下，时间至少还应该提前一个小时，否则要出大问题。（CCL，张平：《十面埋伏》）

（16）翻译说："今后不准再给皇军洗相了，否则杀头。"（CCL，《作家文摘》1995年）

（17）他在全厂职工大会上公开宣布："招工、提干、

长工资、分房子,谁也不许给我送礼,否则,就公开曝光!"(CCL,《1998年人民日报》)

在例(11)～例(17)中,高值和中值义务情态动词"必须""不能""要""应该""不准"引导的小句表明必不可少的条件,可由典型标记词"除非"替代,随后包含标记词"否则"的小句表明如果该唯一条件不满足而产生的后果。

肯定形式的高值和中值义务情态动词如"必须""得""要""应该""应当"还可以在小句复合体中作为标记词表示唯一条件,其后的小句包含标记词"才",表明此唯一条件满足之后随之产生的结果,前一小句从条件的角度对后一小句进行修饰。高值和中值义务情态动词表明行动的必要性,因此能够作为标记词表明必不可少的、唯一的条件。在以下例句中,高值和中值义务情态动词不能删去,可以由表达唯一条件的典型标记词"只有"替代。

(18)你必须洗干净了,才能服药,这是关键!(CCL,李可:《杜拉拉升职记》)

(19)要嫁个更光彩的人家,才对得起你父母!(CCL,张玲:《小雨珠》)

(20)非得换上五六十岁的老先生,比女主持人大上二三十岁,才稳得住阵脚,观众看了也感到舒服、自然、和谐。(CCL,《知识与生活》)

(21)"你是错了,你应该正视这一点,以后才能彻底地改。"(CCL,王朔:《过把瘾就死》)

(22)……应当有安全意识,应当学点安全知识,才能防患于未然。(CCL,《1994年报刊精选》)

第九章 汉英情态实现形式在小句复合体中的逻辑功能

在例（18）～例（22）中，高值义务情态动词"必须""得""要""应该""应当"引导的小句表明必不可少的、唯一的条件，只有在这一条件满足的情况下，才有随之而来的结果。低值义务情态动词如"可以""能"表许可，不能作为标记词表达必不可少的条件。

我们认为，汉语的连词、关系副词等可以视为逻辑语义关系的"无标记"（unmarked）标记词，而情态实现形式同样可以作为标记词在小句复合体中连接小句，可以视为"标记性"（marked）的逻辑语义关系标志。

最后，情态实现形式除了表达小句复合体内小句之间的扩展关系外，还具有投射功能。汉语表达义务情态的言语过程小句还可以作为投射小句，投射命令。在投射小句中，第一人称代词充当言者，动词词组表达言语过程。被投射小句表达命令的具体内容。例如：

（23）<u>我要求云霖同我在近处找房</u>。云霖当然高兴这差事，不会迟疑的。（BCC，丁玲：《莎菲女士的日记》）

（24）我把盒子炮插进腰带里。<u>我命令造反队员们猫下腰</u>，免得中了皮团长队伍的飞弹。（BCC，莫言：《食草家族》）

在例（23）～例（24）中，投射小句"我要求""我命令"均表达言语过程，被投射小句表达施加的义务的具体内容。

第三节 汉英情态实现形式的
逻辑功能对比研究

在汉语和英语中，小句复合体内小句之间的逻辑语义关系均包括扩展和投射（Halliday，1994；Li，2007）。研究表明，小句复合体内小句之间的扩展关系不仅可以由连词、连接性副词等标记词表示，还可以由情态动词或副词体现。在汉语和英语中，情态动词或情态副词均可以作为小句复合体扩展关系的标记词，在表达情态意义的同时，连接两个小句，标明小句复合体内小句之间的逻辑语义关系。小句复合体内的投射关系也可以由表达情态的小句来体现，英语和汉语表达义务情态的心理过程或言语过程小句均可以作为投射小句，投射说话人的命令，被投射小句表达命令的具体内容。

在汉语和英语中，低值可能性情态副词均可以表明小句复合体内小句之间的备选关系，即 X 或者 Y 的关系。低值可能性情态副词表达说话人对命题的低值可能性情态评价，即命题可能是这样，这也意味着命题可能不是这样，因而可以作为标记词标明小句之间的备选关系。

在汉语和英语中，情态实现形式的逻辑功能也存在一些差别。在英语中，低值可能性情态副词"perhaps""maybe"在表达情态评价的同时，还可以和标记词"but"一起表达小句复合体的"让步条件^结果"逻辑语义关系。在汉语中，肯定和否定形式的高值和中值义务情态动词如"必须""得""要""应该""应当""不能""不许""不准"在表达说话人高值和中值义务评价的同时，还可以作为小句复合体的标记词表明必不可少、唯一的条件，其后的小句表明如果此唯一条件不满足而随之产生的后果，前一小句从条件的角度对后一小句进行修饰。肯定形式的高值和中值义务情态动词如"必须""得""要""应该""应当"还可以在小句复合体中作为标记词表示唯一条件，其后的小句包含标记词"才"表明此唯一条件满足之后随之产生的结果，前一小句从条件的角度对后一小句进行修饰。而在英语中，高值和中值义务情态动词不作为小句复合体的标记词表达条件。

总之，在汉语和英语的小句复合体中，情态实现形式既可以作为小句与小句扩展关系的标记词标明小句之间的逻辑语义关系，还可以作为投射小句，体现小句之间的投射关系。汉英情态实现形式的逻辑功能如表9.1所示。

表9.1　汉英情态实现形式的逻辑语义功能

逻辑语义关系		英语情态实现形式	汉语情态实现形式
扩展关系	延伸：备选（or）	低值可能性情态副词：perhaps、maybe	低值可能性情态副词：也许、可能、或许、兴许
	增强：让步条件 (if P, then contrary to expectation Q)	低值可能性情态副词：maybe、perhaps	
	增强：唯一条件 （否定） (if not P then Q)		肯定和否定形式的高值和中值义务情态动词：必须、得、要、应该、不能、不许、不准

(续上表)

	逻辑语义关系	英语情态实现形式	汉语情态实现形式
扩展关系	增强：唯一条件（肯定）（only if P then Q）		肯定形式的高值和中值义务情态动词：必须、得、要、应该、应当
投射关系	话语	表达义务情态的言语过程小句：I demand	表达义务情态的言语过程小句：我要求、我命令、我允许
	思想	表达义务情态的认知型心理过程小句：I want	

第十章 研究结论

第一节 主要结论

本研究以系统功能类型学为理论框架，以汉语和英语的情态系统作为研究对象，首先用系统的观点深入描写、分析汉英情态子系统，对比汉英情态类型系统、情态量值系统、情态取向系统；其次从级阶的角度对比情态系统在汉英小句层实现方式的不同；最后，从元功能的角度深入分析、对比汉英情态实现形式在小句中的人际功能、语篇功能和在小句复合体中的逻辑语义功能。

从系统精密度的角度来看，当精密度较低时，英汉情态系统呈现较多的相似性特征，而当精密度升高时，英汉情态系统呈现较大的差异性。从系统与结构来看，英汉两种语言结构的差异性比系统的差异性更大。

具体而言，从情态类型系统来看，在汉语和英语中，情态是介于"是"与"否"之间的意义领域，是处于断言与否认、规定与禁止中间地带的意义。汉语和英语情态类型系统均包括情态化和意态两大子系统，而在精密度较高的情态化和意态的子系统层面，汉语和英语存在差异性。在英语中，情态化系统包括可能性和经常性情态；意态包括义务、意愿和能力三种情态，意愿情态和能力情态均不做进一步区分。而在汉语中，情态化仅指说话人对命题可能性的评价，包括可能性情态，经常性被排除在情态系统之外；意态也包括义务、意愿和能力三种情态，其中，意愿情态又划分为自发性意愿和回应性意愿，能力情态又划分为习得技能和内在能力。

从情态量值子系统来看，英语和汉语的情态化和意态系统均具备量值。英汉情态化量值系统呈现相似性特征：英语和汉语的可能性情态量级形成一个由高到低的连续体，包括强化的高量级、高量级、中高量级、中量级、中低量级、低量级、强化的低量级。英语和汉语的意态量值系统呈现差异性特征：英语意态系统的义务和意愿情态量值系统包括高、中、低三个量值，而汉语义务和意愿情态量级系统均包括高、中量级子系统和低量级子系统两个子系统，其中，高、中量级子系统再划分为强化的高量级、高量级、中高量级、中量级。汉语义务情态和意愿情态的高中量级和低量级存在泾渭分明的界限，不形成连续统，原因在于高、中量级义务情态表行为的必要性；而低量级义务情态表许可，即行为的可能性；汉语高、中量级意愿情态表自发性意愿，而低量级意愿情态表回应性意愿。

从情态取向系统来看，在汉语和英语中，情态的实现方式由情态取向系统决定。情态取向系统分情态化系统和意态系统两个方面。

第一，从情态化系统来看，英语和汉语的可能性情态均具备显性主观、显性客观、隐性主观三种基本情态取向，在精密度较高的可能性情态取向系统，英语和汉语存在系统上的差异和结构上的差别。首先，就显性主观取向而言，英语可能性情态的显性主观取向通常由第一人称代词构成的认知型心理过程体现，如"I think…""I believe…"；而汉语可能性情态的显性主观情态取向可划分为说话人直接参与型与说话人间接参与型显性主观情态取向，前者由第一人称代词构成的认知型心理过程小句体现，如"我看"，后者由介词词组和动词词组构成的认知型心理过程小句体现，如"依我看来""照我估计"。其次，从显性客观取向来看，英语可能性情态的显性客观取向由关系过程小句体现，如"It is probable that…""It is certain that…"；汉语可能性情态的显性客观取向由无人称心理过程小句和无人称言语过程小句体现，如"现在看起来""推测起来""可以肯定地说"。最后，就隐性主观取向来看，英语可能性情态隐性主观取向可再细分为可协商性隐性主观取向和不可协商性隐性主观取向，前者由情态助动词体现，后者由情态副词体现；汉语可能性情态的隐性主观取向可细分为互动型和非互动型隐性主观取向，前者由语气词"吧"等实现，后者由情态动词和情态副词体现。

第二，从意态系统来看，英语和汉语的意态情态系统均包括义务、意愿和能力三个方面。首先，英语和汉语的义务情态取向系统呈现系统和结构上的差异性特征。英语义务情态取向系统包括显性主观、显性客观、隐性主观、隐性客观四种情态取向，而汉语义务情态取向系统只包括显性主观和隐性主观两类。英语义务情态的显性主观取向由第一人称代词构成的认知型心理过程小句体现，如"I want John to go"；而汉语义务情态的显性主观取向第一人称代词构成的言语过程体现，如"我要求""我命令"。英语义务情态的显性客观取向由一个关系过程体现，如"it's expected that John goes"；而汉语义务情态没有显性客观取向。英语义务情态的隐性主观取向由情态助动词体现，隐性客观取向由动词被动形式构成的谓语扩展实现，如"be required to"；汉语义务情态的隐性主观取向可划分为可协商性和不可协商性隐性主观取向，前者由情态动词体现，后者由情态副词如"务必""千万"体现。汉语义务情态没有隐性客观取向。其次，从意愿情态来看，英语和汉语意愿情态呈现系统上的相似性和结构上的差异性特征。英语和汉语意愿情态取向系统均具备两类，隐性主观取向再划分为可协商性和不可协商性隐性主观取向。在实现形式上，英语意愿情态的可协商性隐性主观取向由情态助动词体现，不可协商性隐性主观取向由形容词构成的谓语扩展体现；而汉语意愿情态的可协商性隐性主观取向由情态动词实现，不可协商性隐性主观取向由情态副词体现。最后，从能力情态来看，英语和汉语能力情态呈现系统和结构上的差异性特征。英语能力情态取向系统包括两类，隐性主观取向再划分为可协商性和不可协商性隐性主观取向，前者由情态助动词体现，后者由形容词构成的谓语扩展体现；汉语能力情态包括隐性主观取向，由情态动词体现，隐性主观取向不再进一步划分。

  从级阶来看，情态在汉语和英语中均可通过多种方式体现。在英语中，情态可以在小句层通过认知型心理过程小句和关系过程小句体现；还可以在小句层通过副词词组、介词短语，以及由动词被动式和形容词构成的动词词组体现；在动词词组层，情态可以通过情态助动词体现。在汉语中，情态在小句层可以通过认知型心理过程、言语过程或无人称心理/言语过程体现；还可以在小句层通过副词词组、介词短语、语气词，以及由情态动词构成的动词词组体现。

  从人际元功能的角度来看，在英语和汉语中，情态实现形式的人际功能具备相似性和差异性特征。英语和汉语的情

第十章 研究结论

态副词、表达情态的认知型心理过程小句和介词词组均充当小句的附加语成分，表达说话人对命题的情态评价。在英语小句中，情态实现方式还可以充当限定成分、述谓成分和补语成分。情态助动词体现限定成分，使得命题成为交际双方可争议、协商的内容。由动词被动形式或形容词构成的动词词组在小句中充当述谓成分。述谓成分是小句的剩余成分，由述谓成分体现的情态评价不是小句交际与协商的核心。在汉语小句中，情态实现方式还可以充当情态成分、述谓成分、语气成分。情态动词充当情态成分。当情态动词位于主要动词之前时，由情态动词体现的情态成分可以和主语形成小句的核心成分，推进话语交际；当情态动词位于名词词组之前时，由情态动词体现的情态成分是小句唯一的核心成分。述谓成分由义务类情态动词体现，也是小句协商与争辩的焦点与核心成分。语气成分由句末语气词体现，不是小句的核心成分。

从语篇元功能来看，在英语和汉语小句中，情态实现形式均具备组织信息的语篇功能。在英语和汉语主位结构中，情态副词、表达情态意义的介词短语和小句均可充当小句的人际主位，作为小句信息的起点，构筑对小句述位的态度。在信息结构中，英语的情态助动词不能成为小句的常规信息焦点或焦点标记词，而汉语情态动词有信息焦点和焦点标记功能。汉语中值和低值的义务情态动词、意愿情态动词和能力情态动词均可以位于句末，作为小句的常规信息焦点，突出和强调说话人的情态评价。汉语高值和中值的义务情态动词可以位于句首位或句中位作为焦点标记词，标记其后的主语为小句的非常规信息焦点，强调特定的人或机构有义务去完成指令。

从逻辑元功能来看，英语和汉语的情态动词或情态副词可以作为小句复合体扩展关系的标记词，在表达情态意义的同时，连接两个小句，标明小句复合体内小句之间的逻辑语义关系。英语和汉语的低值可能性情态副词均可以表明小句复合体内小句之间的备选关系，即"X或者Y"的关系。小句复合体内的投射关系也可以由表达情态的小句来体现，英语和汉语表达义务情态的心理过程或言语过程小句均可以作为投射小句，投射说话人的命令。在汉语和英语小句复合体中，情态实现形式的逻辑功能也存在一些差别。在英语中，低值可能性情态副词在表达情态评价的同时，还可以和标记词"but"一起表达小句复合体的"让步条件^结果"逻辑语义关系。在汉语中，高值和中值的义务情态动词在表达说话人义务评价的同时，还可以作为小句复合体的标记词表明必不可少、唯一的条件，从条件的角度对另一小句进行修饰。

第二节 研究特色和创新

本研究以系统功能类型学为理论框架，从系统功能语言学理论的多个维度（轴、元功能、级阶等），探讨了汉英情态系统与结构的相似性与差异性特征，有利于加深对汉语和英语情态系统与结构的认识，为系统功能类型学以及主流类型学派对情态的研究提供参考。本研究的特色和创新体现在以下几个方面：

第一，基于描写，以语篇为基础。本研究是在客观、真实地对个别语言的语言系统进行描写的基础上进行的类型学比较研究。对情态系统的描写基于真实的、来自不同语域的语篇，而不是依赖现有的语法书，以发掘个别语言本身所具有的特色和特征，从而区别于不对个别语言进行描写的情态跨语言研究（如Palmer，2001）。

第二，以系统的观点描写和对比汉、英情态系统。本研究聚焦于语言系统的差异性与相似性特征，由低到高在不同的精密度上深入对比了汉英情态系统的子系统——情态类型系统、情态量值系统、情态取向系统，并侧重于语言系统的个性特征，从而区别于以语言结构作为比较和分析的出发点，以寻求语言的结构共性为研究目标的格林伯格类型学和乔姆斯基学派。

第三，从元功能的角度多维度阐释语言结构。本研究对汉英情态实现形式在小句中的人际、语篇元功能以及在小句复合体中的逻辑语义功能进行了描写和对比，从元功能的角度来阐释语言结构，从而区别于从句法内部寻找解释的乔姆斯基形式语言学派以及从语言的经济性或象似性等角度阐释语言结构的主流类型学派。

第四，从功能语言学视角厘清了现代汉语情态研究中存在的主要问题。汉语学界对情态本身的定义、情态类型、情态与语气的关系，以及情态动词与情态副词的划界存有争议。本研究从语言人际元功能出发定义了情态，从命题小句与提议小句角度对现代汉语的情态类型进行了界定，区分了情态系统与语气系统，从体现人际意义小句结构的角度区分了情态动词与情态副词。

第五，充实了对英语和汉语情态系统和结构的研究。本研究提出了英语可能性情态量值的连续体；重新构建了 Halliday & Matthiessen（2014）提出的英语情态取向系统；系统探讨了英语情态实现形式的人际、语篇和逻辑元功能，多维度、深入地揭示了英语情态系统与结构的特征。以往的文献（汤廷池，2000；谢佳玲，2002；鲁晓琨，2004；彭利贞，2007；徐晶凝，2007；胡波，2016；范伟，2017）较少关注汉语情态量值系统、情态取向系统，以及汉语情态实现形式在小句中的人际功能、信息焦点功能、焦点标记功能和在小句复合体中的逻辑语义功能，本研究重新构建了 Li（2007）和 Halliday & McDonald（2004）提出的汉语情态类型系统和情态量值系统，提出了汉语情态取向系统；对以小句、情态动词等方式体现的汉语情态实现形式进行了系统、整体的描写；从人际、语篇、逻辑元功能角度对汉语情态实现形式进行了系统的阐释，揭示了汉语情态系统与结构的语言共性与个性特征，充实了汉语情态的研究。

第三节　有待解决的问题

首先，由于篇幅所限，本研究仅对英语和汉语情态系统与结构的相似性与差异性特征进行了研究。未来的研究应着眼于从系统功能语言学理论出发，基于真实的、来自不同语域的语篇，从多维度对世界其他语言的情态子系统进行整体、深入的描写，以发掘、呈现其他语言情态系统的特色和特征为目标，更好地概括情态在世界语言中的共性与个性特征。

其次，本研究对汉语和英语情态类型系统的描写与对比分析在精密度上仍然可以再深入。系统功能类型学的对比分析要求在不同的精密度上展开。随着精密度升高，语言系统的差异性就会越大，能更好地揭示汉英情态系统的个性特征。

最后，本研究是以系统功能类型学为理论框架而展开的类型学比较研究，对汉英情态系统与结构的描写和阐释均基于系统功能语言学理论，有鲜明的系统功能语言学特征。由于有较强的理论预设，系统功能语言学理论框架未涵盖的内容被排除在描写、分析和阐释之外。未来的研究可以着眼于系统功能类型学的情态研究与主流的类型学情态研究的融合发展。

参考文献

BICKLE B. Typology in the 21 century: major current developments [J]. Linguistic Typology, 2007(1): 239 – 251.

BULTER, C S. Structure and Function: A Guide to Three Major Structural-Functional Theories [M]. Amsterdam: John Benjamins, 2003.

BYBEE J, PERKINS R, PAGLIUCA W. The Evolution of Grammar: Tense, Aspect and Modality in the Languages of the World [M]. Chicago: University of Chicago Press, 1994.

CAFFAREL, A. A Systemic Functional Grammar of French: From Grammar to Discourse[M]. London: Continuum, 2006.

CAFFAREL A, MARTIN J R, MATTHIESSEN, C M I M. (eds.). Language Typology: A Functional Perspective [M]. Amsterdam: John Benjamins, 2004.

COATES J. The Semantics of the Modal Auxiliaries [M]. London: Croom Helm, 1983.

COLLINS P. Modals and Quasi-modals in English [M]. Amsterdam: Rodopi, 2009.

CROFT W. Typology and Universals[M]. Cambridge: Cambridge University Press, 2002.

DE HANN F. Typological approaches to modality[C]// FRAWLEY W (ed.). The Expression of Modality. Berlin: Moutonde Gruyter, 2005.

DIANI, G. Modality and speech acts in English acts of parliament [C]//GOTTI M, DOSSENA M (eds.). Modality in Specialized Texts. Berlin: Peter Lang, 2001: 175 – 191.

FAWCETT R P. Invitation to Systemic Functional Linguistics Through the Cardiff Grammar[M]. London: Equinox, 2008.

FIRTH J R. A synopsis of linguistic theory, 1930—1955 [M]// FIRTH, J R(ed.). Studies in Linguistic Analysis. (Special Volume of the Philological Society). Oxford: Blackwell, 1957: 1 – 32.

GARZONE G. Deontic Modality and Performativity in English Legal Texts[M]// GOTTI M, DOSSENA M(eds.). Modality in Specialized Texts. Berlin: Peter Lang, 2001: 153 – 174.

GARZONE G. Variation in the use of modality in legislative texts: focus onshall [J]. Journal of Pragmatics, 2013 (57): 68 – 81.

GREENBERG J H. Some universals of grammar with particular reference to the order of meaningful elements[C]// GREENBERG J H. (ed.). Universals of Language. Cambridge, MA: MIT Press, 1963: 40 – 70.

GREENBERG J H. Language Universals, with Special Reference to Feature Hierarchies[M]. The Hague: Mouton, 1966.

GREENBERG J H, FERGUSON C A, MORAVCSIK E A. Universals of Human Language [M]. Stanford: Stanford University Press, 1978.

GUENTCHÉVA Z. Epistemic Modalities and Evidentiality in Cross-Linguistic Perspective[M]. Berlin: Moutonde Gruyter, 2018.

HALLIDAY M A K. Some aspects of systematic description and comparison in grammatical analysis [M]// FIRTH J R (ed.). Studies in Linguistic Analysis:Special Volume of the Philological Society. Oxford: Blackwell, 1957: 54 – 67.

HALLIDAY M A K. Typology and the exotic[C]// MCINTOSH A, M HALLIDAY A K (eds.). Patterns of Language: Papers in General, Descriptive and Applied Linguistics. London: Longman, 1966: 165 – 182.

HALLIDAY M A K. Notes on transitivity and theme in English, Part 2 [J]. Journal of Linguistics, 3: 199 – 244. Reprinted. WEBSTER J J (ed.),2005. Studies in English Language. London: Continuum, 1967: 55 – 109.

HALLIDAY M A K. Functional diversity in language as seen from a consideration of modality and mood in English[J]. Foundations of Language: International Journal of Language and Philosophy, 1970(6): 322 – 361.

HALLIDAY M A K. The de-automatization of grammar: From Priestley's An Inspector Calls [C]//Anderson J (ed.). Language Form and Linguistic Variation: Papers Dedicated to Angus McIntosh. Amsterdam: John Benjamins, 1982: 129 – 159.

HALLIDAY M A K. An Introduction to Functional Grammar: 2nd ed. [M]. London: Arnold, 1994.

HALLIDAY M A K. Methods-techniques-problems[C]// HALLIDAY M A K, WEBSTER (eds.). Continuum Companion to Systemic Functional Linguistics. London: Continuum, 2009: 59 –86.

HALLIDAY M A K, MATTHIESSEN C M I M. Halliday's Introduction to Functional Grammar: 4th ed. [M]. London: Routledge, 2014.

HALLIDAY M A K, MCDONALD E. Metafunctional profile of the grammar of Chinese[C]//CAFFAREL A, MARTIN J R, C M I M MATTHIESSEN (eds.) Language Typology: A Functional Perspective[M]. Amsterdam: John Benjamins, 2004: 305-396.

HANSEN B, DE HANN F. Modals in the Language of Europe: A Reference Work[M]. Berlin: Moutonde Gruyter, 2009.

HENGEVELD K. Illocution, mood and modality in a functional grammar of Spanish[J]. Journal of Semantics, 1988(6): 227-269.

HENGEVELD K, NARROG H, OLBERTZ H. The Grammaticalization of Tense, Aspect, Modality and Evidentiality: A Functional Perspective[M]. Berlin: Moutonde Gruyter, 2017.

HOYE L. Adverbs and Modality in English[M]. London: Longman, 1997.

HUANG J C T, Li Y H, Li Y F. The Syntax of Chinese[M]. Cambridge: Cambridge University Press, 2009.

HYLAND K. Hedging in Scientific Research Articles[M]. Amsterdam: John Benjamins, 1998a.

HYLAND K. Persuasion and context: The pragmatics of academic metadiscourse[J]. Journal of Pragmatics, 1998b, 30: 437-455.

HYLAND K. Disciplinary Discourses: Social Interactions in Academic writing[M]. London: Longman, 2000.

HYLAND K. Metadiscourse[M]. London: Continuum, 2005.

JESPERSEN O. The Philosophy of Grammar[M]. London: Allen & Unwin, 1924.

KOSKO K W, HERBST P. A deeper look at how teachers say what they say: A quantitative modality analysis of teacher-to-teacher talk[J]. Teaching and Teacher Education, 2012, 28 (4): 589 -598

KRAZER A. The notional category of modality[C]// EIKMEYER J, RIESER H(eds.). Worlds, Words and Contexts. Berlin: Moutonde Gruyter, 1981: 38 -74.

LANGACKER R W. Foundations of cognitive grammar: Vol. 2, Descriptive Application [M]. Stanford: Stanford University Press, 1991.

LANGACKER R W. Grammar and Conceptualization[M]. Berlin: Mouton de Gruyter, 1999.

LANGACKER R W. Control and the mind/body duality: Knowing vs. effecting[C]// E. TABAKOWSKA, CHOIŃSKI M, Ł WIRASZKA (eds.). Cognitive Linguistics in Action: From Theory to Application and Back. Berlin: Moutonde Gruyter, 2010: 165 -207.

LANGACKER R W. Modals: Striving for control [C]// MaRIN-ARRESE J, CARRETERO M, HITA J, VAN DER AUWERA J(eds.). English Modality: Core, Periphery and Evidentiality. Berlin: Moutonde Gruyter, 2013: 3 -55.

LAVID J, ARÚS, J & ZAMORANO-MANSILLA J R. Systemic Functional Grammar of Spanish: A Contrastive Study with English[M]. London: Continuum, 2010.

LEECH G. Principles of Pragmatics[M]. London & New York: Longman, 1983.

LEECH G. Where have all the modals gone? An essay on the declining frequency of core modal auxiliaries in recent standard

English[C]// MARIN-ARRESE J, CARRETERO M, HITA J, VAN DER AUWERA J (eds.). English Modality: Core, Periphery and Evidentiality. Berlin: Mouton de Gruyter, 2013: 95 –115.

LEECH G. The Pragmatics of Politeness[M]. New York: Oxford University Press, 2014.

LI S H. A Systemic Functional Grammar of Chinese[M]. London: Continuum, 2007.

LYONS J. Semantics [M]. Cambridge: Cambridge University Press, 1977.

LYONS, J. Linguistic Semantics: An Introduction [M]. Cambridge: Cambridge University Press, 1995.

MAALEJ Z. Modal auxiliaries: A proposal for an experientialist-pragmatic account[J]. Etudes Linguistiques, 2002(4): 59 –83.

MATHESIUS V. On linguistic characterology with illustrations from Modern English [C]//VACHEK J(ed.). A Prague School Reader in Linguistics. Bloomington: Indiana University Press, 1964: 59 –67.

MARTIN J R. Interpersonal grammaticalisation: mood and modality in Tagalog[J]. Philippine Journal of Linguistics, 1990, 21(1): 2 –50.

MARTIN J R. Logical meaning, interdependency and the linking particle {na/-ng} in Tagalog [J]. Functions of Language, 1995, 2(2): 189 –228.

MARTIN J R. Factoring out Exchange: types of structure[J]// COULTHARD M, COTTERILL J, ROCK F (eds.). Working with dialogue. Tubingen: Niemeyer, 2000: 19 –40.

MARTIN J R. Metafunctional profile of the grammar of Tagalog [C]//

CAFFAREL A, MARTIN J R, MATTHIESSEN C M I M (eds.), Language Typology: A Functional Perspective. Amsterdam: John Benjamins, 2004: 255 -304.

MARTIN J R, ROSE D. Working with Discourse: 2nd ed. [M]. London: Continuum, 2007.

MARTIN J R, WHITE P R R. The Language of Evaluation: Appraisal in English[M]. New York: Macmillan, 2005.

MATTHIESSEN C. Descriptive motifs and generalizations[C]// CAFFAREL A, MARTIN J R , MATTHIESSEN C M I M (eds.), Language Typology: A Functional Perspective. Amsterdam: John Benjamins, 2004: 537 -673.

MCDONALD E. Clause and Verbal Group Systems in Chinese: A Text-based Functional Approach[D]. Sydney:Macquarie University , 1998.

MCDONALD E. Verb and clause in Chinese discourse: Issues of constituency and functionality[J]. Journal of Chinese Linguistics, 2004, 32(2): 200 -248.

MCGREGOR W. Semiotic Grammar [M]. Oxford: Clarendon Press, 1997.

NARROG H. Modality in Japanese: The Layered Structure of the Clause and Hierarchies of Functional Categories[M]. Amsterdam: John Benjamins, 2009.

NUYTS J. Epistemic Modality, Language and Conceptualization [M]. Amsterdam: John Benjamins, 2001.

NUYTS, J. Modality: Overview and linguisticissues [C]// FRAWLEY W (ed.). The Expression of Modality. Berlin: Moutonde Gruyter, 2006.

NUYTS J. Analyses of the modal meanings[C]// NUYTS J, VAN

DER AUWERA J (eds.). The Oxford Handbook of Modality and Mood. Oxford: Oxford University Press, 2016: 31 -49.

PALMER F R. Modality and the English Modals[M]. London: Longman,1979.

PALMER F R. Mood and Modality[M]. Cambridge: Cambridge University Press, 1986.

PALMER F R. Modality and the English Modals: 2nd ed. [M]. London: Longman, 1990.

PALMER F R. Mood and Modality: 2nd ed. [M]. Cambridge: Cambridge University Press, 2001.

PALMER F R. Modality in English: Theoretical, descriptive andtypological issues [C]// FACCHINETTI R, KRUG M ,PALMER F (eds.). Modality in Contemporary English. Berlin: Mouton de Gruyter, 2003: 1 -17.

PAPAFRAGOU, A. Modality: Issues in the Semantics-Pragmatics Interface[M]. Oxford: Elsevier, 2000.

PAYNE T E. Describing Morphosyntax: A Guide for Field Linguistics[M]. Cambridge: Cambridge University Press, 1997.

PERKINS M. Modal Expressions in English[M]. London: Frances Printer, 1983.

SIMON-VANDENBERGEN A M. Modal (un)certainty in political discourse: a functional account [J]. Language Sciences, 1997, 19(4): 341 -356.

SONG J J. Setting the stage[C]//SONG J J(ed.). The Oxford Handbook of Linguistic Typology. Oxford: Oxford University Press, 2011: 1 -4.

SPERBER D, WILSON D. Relevance: Communication and Cognition[M]. Oxford: Blackwell, 1995.

STEEVER B. Tamil and the Dravidian languages[C]// COMRIE B(ed.). The Major Languages of South Asia, the Middle East and Africa. London: Routledge, 1990: 231 -252.

STEINER E TEICH E. Metafunctional profile of the grammar of German. IN CAFFAREL A MARTIN J R, Matthiessen C M I M (eds.). Language Typology: A Functional Perspective. Amsterdam: John Benjamins, 139 -184.

SWEETSER E. From Etymology to Pragmatics [M]. Cambridge: Cambridge University Press, 1990.

TALMY L. Force dynamics in language and cognition[J]. Cognitive Science, 1988(12): 42 -100.

TERUYA K. A Systemic Functional Grammar of Japanese [M]. London: Continuum, 2007.

TERUYA K, et al. Typology of mood: A text-based and system-based functional view[C]//HASAN R, MATTHIESSEN C M I M, WEBSTER J J(eds.). Continuing Discourse on Language: A Functional Perspective. London: Equinox, 2007: 859 -920.

THOMPSON G. Introducing Functional Grammar [M]. London: Arnold, 2004.

THOMPSON G, ZHOU J L. Evaluation and organization in text: The structuring role of evaluative disjuncts [C]// HUNSTON S, THOMPSON G(eds.). Evaluation in Text: Authorial Stance and the Construction of Discourse. Oxford: Oxford University Press, 2001: 121 -141.

TIEE H. Modality in Chinese [C]// KIM N, TIEE H. Studies in East Asian Linguistics. Los Angeles: Department of East Asian Language and Culture, University of South California,

1985：84 – 96.

TSANG C L. A Semantic Study of Modal Auxiliary Verbs in Chinese[D]. Stanford：Stanford University，1981.

VAN DER AUWERA J，PLUNGIAN V A. Modality's semantic map[J]. Linguistic Typology，1998(2)：79 – 124.

VERSCHUEREN J. Understanding Pragmatics[M]. London：Arnold，1999.

VON WRIGHT G H. An Essay in Modal Logic[M]. Amsterdam：North-Holland，1951.

WU C Z. Corpus-based research[C]// HALLIDAY M A K，WEBSTER J J（eds.）. Continuum Companion to Systemic Functional Linguistics. London：Continuum，2009：128 – 142.

ZHU Y S. Modality and modulation in Chinese[C]// BERRY M，BUTLER C，FAWCETT R P，HUANG G W（eds.）. Meaning and Form：Systemic Functional Interpretations：Studies for Michael Halliday. Norwood，N. J.：Ablex，1996：183 – 209.

陈昌来. 介词与介引功能[M]. 合肥：安徽教育出版社，2002.

陈颖. 现代汉语传信范畴研究[M]. 北京：中国社会科学出版社，2009.

陈振宇，朴珉秀. 话语标记"你看""我看"与现实情态[J]. 语言科学，2006（2）：3 – 13.

崔希亮. 事件情态和汉语的表态系统[M] //中国语文杂志. 语法研究和探索（十二）. 北京：商务印书馆，2003.

范伟. 现代汉语情态系统与表达研究[M]. 北京：中国社会科学出版社，2017.

冯胜利. 汉语的韵律、词法与句法[M]. 北京：北京大学出版社，2009.

高亮. 意愿情态动词的意愿等级[J]. 语言教学与研究，

2017（5）：26–33.

郭锐．现代汉语词类研究［M］．北京：商务印书馆，2002．

贺阳．试论汉语书面语的语气系统［J］．中国人民大学学报，1992（5）：59–66.

胡波．汉语情态助动词的句法分析［M］．北京：中国社会科学出版社，2016．

胡裕树．现代汉语［M］．上海：上海教育出版社，1995．

胡裕树，范晓．动词研究［M］．开封：河南大学出版社，1995．

黄伯荣，廖序东．现代汉语［M］．6版．北京：高等教育出版社，2017．

刘丹青．语言类型学与汉语研究［J］．世界汉语教学，2003（4）：5–12，2．

刘林．现代汉语焦点标记词研究：以"是""只""就""才"为例［D］．上海：复旦大学，2013．

刘月华，潘文娱，故铧．实用现代汉语语法［M］．增订本．北京：商务印书馆，2001．

鲁川．语言的主观信息和汉语的情态标记［M］//中国语文杂志．语法研究和探索（十二）．北京：商务印书馆，2003：317–330．

鲁晓琨．现代汉语基本助动词语义研究［M］．北京：中国社会科学出版社，2004．

陆俭明，马真．现代汉语虚词散论［M］．北京：语文出版社，1999．

吕叔湘．现代汉语八百词［M］．北京：商务印书馆，1999．

马庆株．能愿动词的连用［J］．语言研究，1988（1）：18–28．

彭利贞．现代汉语情态研究［M］．北京：中国社会科学出版社，2007．

齐沪扬. 语气词与语气系统[M]. 合肥: 安徽教育出版社, 2002a.

齐沪扬. 论现代汉语语气系统的建立[J]. 汉语学习, 2002b (2): 1–12.

沈家煊. 不对称和标记论[M]. 南昌: 江西教育出版社, 1999.

邵敬敏. 现代汉语通论: 第三版[M]. 上海: 上海教育出版社, 2016.

史金生. 语气副词的范围、类别和共现顺序[J]. 中国语文, 2003 (1): 17–31.

汤廷池. 华语情态词序论[M]//汉语语法论集. 台北: 金字塔出版社, 2000.

温锁林. 现代汉语语用平面研究[M]. 北京: 北京图书馆出版社, 2001.

温锁林. 汉语中的语气与情态[J]. 南开语言学刊, 2013 (2): 21–29.

向二兰. 汉英助动词句法比较研究[M]. 北京: 人民日报出版社, 2014.

谢佳铃. 汉语的情态动词[D]. 新竹: 台湾清华大学, 2002.

邢福义. 汉语复句研究[M]. 北京: 商务印书馆, 2001.

徐晶凝. 语气助词"吧"的情态解释[J]. 北京大学学报(哲学社会科学版), 2003 (4): 143–148.

徐晶凝. 现代汉语话语情态研究[M]. 北京: 昆仑出版社, 2007.

徐烈炯, 潘海华. 焦点结构和意义的研究[M]. 北京: 外语教学与研究出版社, 2005.

杨曙, 常晨光. 系统功能类型学: 类型学之功能视角[J].

外语与外语教学,2013(4):35-38.

杨曙,常晨光.情态的多维度研究[J].外国语文,2018
(1):106-112.

曾立英."我看"与"你看"的主观化[J].汉语学习,
2005(4):15-22.

张斌.现代汉语虚词词典[M].北京:商务印书馆,2001.

张谊生.现代汉语副词研究[M].上海:学林出版社,2000.

张云秋,李若凡.普通话儿童早期语言中的情态量级[J].
中国语文,2017(1):74-87,127-.

朱德熙.语法讲义[M].北京:商务印书馆,1982.

邹海清.频率副词的范围和类别[J].世界汉语教学,2006
(4):36-45,3.

附 录
本研究分析的汉语语篇

1.《人民的名义》剧本台词选段

(北京某小区)

检察官男：侯处长，<u>我看</u>咱们现在<u>就</u>行动<u>吧</u>，这等了都快两个小时了。(情态化：可能性情态)

检察官女：就是。万一他老婆孩子今天晚上不走了，怎么办呀？

侯亮平：<u>不会的</u>，平时五点就带孩子去参加补习班了，今天<u>也许</u>孩子收拾东西<u>吧</u>，再等等。(情态化：可能性情态)

检察官男：还等？不是，侯处长，你知道现在可邪了吗？就是跳楼成风啊，我友情提示啊，咱们这个赵大处长，他家可住四楼。

检察官女：四楼，这跳下去，不死也残<u>吧</u>？(情态化：可能性情态)

都说，得了这个抑郁症动不动就要跳楼，咱这位赵处长，万一也传染这病呢？咱可得小心点儿。（意态：义务情态）

侯亮平：咱这位赵处长，有无数个理由，会让自己好好活下去的。（情态化：可能性情态）

（汉东省人民检察院）

林华华、周正：三二一。

林华华：到点儿了，下班了。

周　正：下班喽。

陆亦可：坐下！加班。

林华华：还加班啊？我们这都大眼儿瞪小眼儿，一个多小时了，还瞪啊？

陆亦可：接着瞪，今天晚上有任务。

林华华：哪儿有那么多任务啊，你的大好青春，都已经耽误了，就别再耽误我跟周正了呗。给我们俩点时间谈谈恋爱。

陆亦可：谁敢耽误你们俩，就在这儿谈，不算你们干私活。

周　正：不是，陆处长，你在这儿看着，我们怎么谈呀？

陆亦可：你们不是老说我不会谈恋爱吗？两位老师，就在这儿谈，教教我呗。（意态：能力情态）

林华华：老陆，你这是让我们加班躲避相亲吧？（情态化：可能性情态）

陆亦可：我是要惩治叛徒！（意态：意愿情态）

（北京某小区）

侯亮平：行动！

赵德汉：谁呀？

检察官女：物业的。

检察官男：是赵德汉吗？

赵德汉：我是。

检察官男：搜查令。

赵德汉：搜？

侯亮平：跟我进来。

赵德汉：你们这是干什么？这不私闯民宅吗？怎么来这么多人呢？

赵德汉：搜查？不是，我这儿有什么好搜查的？你们是哪个单位的？不是，你们<u>不能</u>欺负到我这个平头老百姓的头上<u>吧</u>？（意态：义务情态）

侯亮平：小老百姓？我们还真不敢欺负。我们是最高人民检察院反贪总局的。

赵德汉：反贪总局的？

侯亮平：怎么？没听说过？就是专门抓贪官的，所以你<u>得</u>配合我们。（意态：义务情态）

（汉东省人民检察院）

林华华：我是串通你了你妈，咱吴法官，又给你物色了个对象，可我这不是关心领导吗？我是希望你早点儿结婚，<u>能</u>过上幸福的生活。（情态化：可能性情态）

陆亦可：甭跟我来那个，结了婚就幸福了？林华华，我还告诉你，万一我不幸福啊，我加班加死你。

周　正：哎哎哎，华华算了，咱们也不为难陆处长了，我下次再请你。

陆亦可：哎，这关键时刻呀，还就周正有觉悟。

林华华：他那哪儿叫觉悟啊，只要不让他花钱，他比谁觉悟都高。
陆亦可：喂！是！检查装备，准备出发。
周　正：是！
旁　白：最高人民检察院反贪总局接到实名举报，称北京某部委一位处长涉嫌巨额受贿。汉东省京州市一位副市长也涉案其中，反贪总局侦查处处长侯亮平要求汉东检察院反贪局局长陈海立即配合北京行动，协同调查。
陈　海：季检察长，您这是？
季昌明：陈海，你胆子不小啊，和省委一声招呼都不打，你就要抓一位厅局级的干部，你想干什么呀？（意态：意愿情态）
陈　海：检察长，我电话里不是已经跟您汇报过了吗？再说，这是最高检反贪总局的指示，北京已经开始行动了，让我们把犯罪嫌疑人控制起来，如果因为我们行动迟缓让犯罪嫌疑人跑了，那麻烦可就大了。
季昌明：现在麻烦也不小，你想干什么呀？要行动了你突然给我打个电话，什么意思啊？先斩后奏啊？什么都别说了，行动暂时停止，跟我到省委进行汇报。
陈　海：行动不能停止，现在……（意态：义务情态）
季昌明：怎么不能啊？现在就上我车。（意态：义务情态）
陈　海：亦可，回局里待命，所有人不许离开。（意态：义务情态）
林华华：是！

(北京某小区)

赵德汉：你们抓贪官，怎么会抓到我这儿来了呢？有哪个贪官能住在我这种鬼地方？（情态化：可能性情态）我这儿是个老楼，连个电梯都没有，如果贪官住在这种地方，那说实话老百姓啊，非得放炮仗庆祝不可。（情态化：可能性情态）

侯亮平：你是够清贫的呀，这一碗炸酱面，就把晚饭给对付了。

赵德汉：中国的老百姓，不都是这么过日子的吗？

侯亮平：你可不是老百姓，你是处长啊。

赵德汉：处长算个屁呀，在北京啊，一板砖下去，能砸到一大片处长。（情态化：可能性情态）

侯亮平：可你这个处长不一样，权力大，我都听人说了，拿个部长跟你换，你都不换，是吧？

赵德汉：权力大小那都是为人民服务，有权就可以任性啦？我不是说你，你这个同志，你的思想觉悟啊，真是有待提高。（意态：义务情态）

侯亮平：说得好，听到没有啊？有权不能任性，但可以谋私，是吧？（意态：义务情态）

季昌明：好，好，高书记，陈海就在我车上，我们马上赶过去，好，一会儿见。侯亮平怎么跟你说的？

陈　海：猴子说北京的嫌疑人一家人都要出国旅游，这不是怕跑了吗？所以要提前行动，他让我们把这边的嫌疑人给控制住。（意态：义务情态）

季昌明：这是他个人意见，还是最高检反贪总局的指令啊？

陈　海：我问他了，我说你是代表你的猴山，还是代表最高检反贪总局，他说他都代表，手续正办着呢，回头

附录：本研究分析的汉语语篇

通过最高检的这个特殊渠道过来。

季昌明：传过来没有？

陈　海：这不在办呢吗？

季昌明：这么说还没传过来啊？那你不能听他指挥，出了乱子谁兜着呀？（意态：义务情态）

　　　　不管怎么说，反贪是在党的领导下进行，他侯亮平就是一个侦查处长，级别还没你高呢，他指挥不了你。

陈　海：季检，不能这么说，人家猴子升了，现在是括号副局好不好？（意态：义务情态）

季昌明：这猴小子还真进步了。

（北京某小区）

赵德汉：我说你们怀疑我，到底有啥根据？有权力就可以腐败啊？（意态：义务情态）

　　　　跟你们说实话，我在的这个位置，嫉妒我的人呐很多，想看我出洋相的人，那也很正常。那今天我这情况，你们都看到了，我劝你们呐，别再瞎操心了，都没吃饭吧？赶紧回去吃饭吧。（情态化：可能性情态）

侯亮平：赵处长啊，依我看呢，这谁都出不了你洋相。（情态化：可能性情态）

　　　　但凡出洋相的，全是自找的。我们今天为了不让你孩子看到你出洋相，在你楼下等了两个多小时呢，我说你老婆今天在家磨叽什么呢？平时周六不是早带孩子去上补习班了？

赵德汉：你们连这个也知道？

215

侯亮平：我们就像了解自己一样了解你，你孩子今天该上英语补习了吧？（情态化：可能性情态）
赵德汉：嗯，要不是老师说临时有事啊，他们娘俩早就走了。
侯亮平：真是可怜天下父母心啊，当父母的都一样，谁都不愿孩子输在起跑线上，是吧？说我那孩子吧，一年补习费就三四万。
赵德汉：那也得投资，所以我们做父母的，都得苦着自己。（意态：义务情态）
侯亮平：对，差点忘了这茬了。
季昌明：说一千道一万，我们不属于侯亮平领导，我们属于汉东省委领导，要抓我们的副市长，还得经过省委同意。（意态：义务情态）
陈　海：可是季检察长，最高检领导各级人民检察院的工作，侯亮平是最高检反贪总局的侦查处长，他要求我们协助办案，给手续我们抓人，那没的说。
季昌明：我知道我们是双重领导，可问题是，手续没有传过来嘛，所以我们才紧急到省委进行汇报，这也是积极协助他们工作嘛，你说是不是？
　　　　陈海呀，遇到事情啊，不要急，多动动脑子。（意态：义务情态）
　　　　咱们汉东有些复杂，先不说高育良书记，就这京州市委书记李达康，你我惹得起吗？你要抓他手下的副市长，连个招呼都不打，出了问题，我们被动不被动啊？（意态：意愿情态）
　　　　别忘了他是省委的常委啊。
陈　海：我得给猴子打个电话，他还等我电话呢。（意态：义务情态）

2. 小说《活着》选段

我还是老样子,腰还是常常疼,眼睛还是花,我耳朵倒是很灵,村里人说话,我不看也能知道是谁在说。(意态:能力情态)

我是有时候想想伤心,有时候想想又很踏实,家里人全是我送的葬,全是我亲手埋的,到了有一天我腿一伸,也不用担心谁了。我也想通了,轮到自己死时,安安心心死就是,不用盼着收尸的人,村里肯定会有人来埋我的,要不我人一臭,那气味谁也受不了。(情态化:可能性情态)

我不会让别人白白埋我的,我在枕头底下压了十元钱,这十元钱我饿死也不会去动它的,村里人都知道这十元钱是给替我收尸的那个人,他们也都知道我死后是要和家珍他们埋在一起的。(意态:意愿情态)

苦根死后第二年,我买牛的钱凑够了,看看自己还得活几年,我觉得牛还是要买的。(情态化:可能性情态)

牛是半个人,它能替我干活,闲下来时我也有个伴,心里闷了就和它说说话。牵着它去水边吃草,就跟拉着个孩子似的。(意态:能力情态)

我拉着牛回到村里,村里人全围上来看热闹,他们都说我老糊涂了,买了这么一头老牛回来,有个人说:

"福贵,我看它年纪比你爹还大。"(情态化:可能性情态)

会看牛的告诉我,说它最多只能活两年三年的,我想两三年足够了,我自己恐怕还活不到这么久。(情态化:可能

217

性情态）

    谁知道我们都活到了今天，村里人又惊又奇，就是前两天，还有人说我们是——"两个老不死。"牛到了家，也是我家里的成员了，<u>该</u>给它取个名字，想来想去还是觉得叫它福贵好。定下来叫它福贵，我左看右看都觉得它像我，心里美滋滋的，后来村里人也开始说我们很像，我嘿嘿笑，心想我早就知道它像我了。（意态：义务情态）

    福贵是好样的，有时候嘛，也要偷偷懒，可人也常常偷懒，就不要说是牛了。我知道什么时候<u>该</u>让它干活，什么时候<u>该</u>让它歇一歇，只要我累了，我知道它也累了，就让它歇一会，我歇得来精神了，那它也<u>该</u>干活了。（意态：义务情态）

3.《杨澜访谈录》文本选段

杨　澜：当时出现了这样的事，<u>我想</u>对于当事人来说，是一个非常震惊的，当时那个时候，您有没有很大的恐惧？（情态化：可能性情态）

宗庆后：我呢，还好，因为那天早上5点多钟，我去上班，下电梯，电梯门一开，他拿把刀说不许动。嘿嘿，后来我说你想干啥就是，我呢，还算比较镇静，反应比较快一点。我就一手把他这个刀一抹，刀一抹再一把推，他给我推倒了，所以后来这个刀就把手掌划掉了。

杨　澜：所以那件事情也让整个新闻界和中国公众也是感到

非常吃惊,在这件事情之后,您的生活发生了什么变化?

宗庆后: 也没什么太大的变化,<u>应该我想</u>,我也不是为富不仁的人,是吧,所以也没有人说来仇恨我。(情态化:可能性情态)

杨　澜: 那您怎么样看待这件事呢?这只是一个偶发的事件吗?

宗庆后: <u>我想应该</u>是个偶发的事件吧。他是交代的是说,他借了三万块钱,到杭州来找工作。我感觉你有三万块钱,也不用到杭州来找工作了,是吧?他说看电视了,我对农民工很好,他说要来想我给他安排个工作。你安排工作,不用拿刀到我这个电梯门口,来威胁我对吧?你就到我单位来找我就是了嘛。而且他跟踪了我一个多月,这种人,<u>我觉得</u>道德品质各方面,<u>我觉得</u>是在我们社会也是不能容忍的。(情态化:可能性情态)

杨　澜: 我们看到呢,宗庆后先生作为全国人大代表,其实每年呢,都是提案大户,很多的这个提案呢,其实都是关系到社会的弱势群体,民工的一些权益。是什么让您特别关注到他们的生活状态?

宗庆后: <u>应该说</u>,我也是从社会最底层艰苦创业慢慢地富起来的。因为我在农村待了十五年,上山下乡嘛,所以也很了解我们穷人的日子,比较难过,确实来讲现在还有一批贫困的人群。改革开放三十年以后,我希望在一个,确实小平同志当时也说了,让一部分人先富起来,让一部分地区先富起来,让先富帮后富走向共同富裕,是吧?<u>我觉得</u>这个<u>应该说</u>呢,

|||||小平主要是打破了平均主义大锅饭。（情态化：可能性情态）

杨　澜：所以一方面呢，您经常为弱势群体和农民工他们的利益，也在发出自己的呼吁，另一方面呢，又遭遇到了上次这样的这个意外事件，您<u>会不会</u>觉得有一种委屈？（情态化：可能性情态）

宗庆后：有。在社会上，<u>我觉得</u>各种各样的人都有，是吧？但是<u>我觉得</u>，确实应该我们怎么去解决这些社会问题，所以这两年确实来讲，我也提了很多的建议。你像欧洲的高福利、高税收的话，大家都不用干活了，所以<u>我觉得</u>现在，<u>我觉得</u>三中全会啊，<u>我看</u>也没有说贫富差距问题的，而是要解决共同富裕的问题，<u>我认为</u>确实来讲要解决共同富裕问题，对吧？所以你先富起来这帮人，确实你要记住，小平同志后面的一句话，先富帮后富，要走向共同富裕。所以我们现在在做慈善的时候，<u>我想</u>主要的还是要帮助他们建立一个致富的平台，要有个造血功能，<u>我想</u>还是通过勤劳致富<u>可能</u>会比较好。（情态化：可能性情态）

杨　澜：其实是给每个人一个机会。

宗庆后：给一个机会。

杨　澜：其实机会的不平等，是最大的不平等。

宗庆后：对对。

杨　澜：但是话说回来，社会是应该这样，但是作为一个个人，哪怕您是福布斯富豪榜的首富，他个人和一个企业能做的毕竟是有限的。就像上次这个人，他是<u>想要</u>找一份工作（意态：意愿情态），当他觉得他不能得到的时候，他就在这个气愤之下，他<u>可能</u><u>会</u>做出<u>一些</u>非常过激的违法行为。您怎么样看待这样一个，新的社会发展的阶段社会上的<u>一些</u>不同的情绪，比如说，仇富的心理，比如说，这个弱势群体和财富阶层都有一种不安全感，您怎么看待这样的现象？（情态化：可能性情态）

宗庆后：我也一直在提这个问题，我说我们要转变对财富的看法，财富的话<u>应该</u>说，除了你自己生活所必需之外，其他的<u>我觉得</u>都是社会的。那么作为先富的人，<u>我认为</u>，你是要帮助大家，共同富裕起来的话，你所得的财富，会得到人家的尊重。（情态化：可能性情态）

所以我们<u>应该</u>说呢，就是，富人<u>应该</u>这么做，那么现在还贫困的人<u>应该</u>怎么做，都<u>应该</u>有个正确的思考。（意态：义务情态）富人我认为<u>应该</u>是要去帮助大家去共同富裕起来，那么穷人就<u>要</u>通过自己辛勤劳动去创造财富，去改变自己的生活。（意态：义务情态）

杨　澜：然后同时我们有一个能够给予大家公平机会的这样一个社会体系。

宗庆后：社会的心态就会平衡。（情态化：可能性情态）

杨　澜：作为一个企业家的代表，最近也有一些大家不同的争论。有一些人呢，认为企业家就<u>应该</u>在商言商，有一些认为企业家就<u>应该</u>承担更多的社会责任，从您的角度来看，中国的食品啊、饮料啊，这样的一个大的行业，还<u>应该</u>做一些什么样的改革和发展？（意态：义务情态）

宗庆后：我以为这次三中全会的改革力度确实是空前的，第一个行政制度审批的改革，我觉得就打破了垄断。（情态化：可能性情态）

杨　澜：但是这时候老百姓又有点担心了，说以前过去这么多审批，我们食品饮料还不安全，您现在再不审批了怎么办？

宗庆后：你听我说完就是。

杨　澜：好。

宗庆后：我以为要制定标准，你符合标准你就去干，但是你不符合标准我要查封你。（情态化：可能性情态）就是你要监管，现在是要审批很难，但监管是没有人监管的。（意态：义务情态）你还是实行一下备案，然后政府把信息收集来以后，你向社会公布，这样子人家投资的人就可以不会重复投资，过度投资，减少浪费的。（情态化：可能性情态）